NINA DEISSLER

Flirten

Wie wirke ich? Was kann ich sagen?
Wie spiele ich meine Stärken aus?

INHALT

VORWORT

Die Kunst zu flirten

Was gehört zum Flirten, warum sollte man es überhaupt tun und vor allem: Wie stellt man es an?

Dieses Buch bietet Ihnen keine billigen Tricks zum kurzfristigen Beeindrucken: Ich statte Sie mit Grundlagen aus, die Sie zu einem Menschen werden lassen, der sich in Zukunft nicht mehr über verpasste Chancen ärgern muss.

Ich selbst habe immer gerne geflirtet und bin nach meiner Karriere in Vertrieb und Marketing seit 2002 selbstständige Kommunikationstrainerin und Persönlichkeitscoach. Mein Fachgebiet sind Herzensangelegenheiten und die Kommunikation zwischen Mann und Frau. In meinen Flirttrainings haben inzwischen über 5 000 Menschen mehr Mut und Spaß am Leben entwickelt, und dies möchte ich auch Ihnen gerne ans Herz legen.

Ich möchte Ihnen nicht helfen, Ihren Traumpartner zu suchen – ich möchte Ihnen dazu verhelfen, selbst zu einem Traumpartner zu werden und die Menschen anzuziehen und zu erobern, die zu Ihnen passen.

WARUM SOLLTE MAN ÜBERHAUPT FLIRTEN?

Nehmen wir zum Beispiel an, Sie begegnen zufällig einem Menschen des anderen Geschlechts, der Sie interessiert. Sie sind beim Einkaufen oder auf einer Feier und plötzlich steht er oder sie unvermutet vor Ihnen.

„Liebe besteht zu drei Vierteln aus Neugier"

(Giacomo Casanova)

Wie ist Ihre Situation als „Nichtflirter"?

Vielleicht können Sie nette Gespräche führen, aber fühlen Sie sich sexy und begehrenswert? Benehmen Sie sich so? Vermutlich haben Sie als „Nichtflirter" nur wenig Übung in Sachen Charme und wissen nicht, was im Kopf des anderen Geschlechts in solchen Situationen vorgeht. Je attraktiver Ihr Gegenüber auf Sie wirkt, umso schlimmer ist es: Sie wissen nicht, was Sie sagen sollen, die Situation erscheint Ihnen peinlich, Sie sind nicht sonderlich charmant oder tun einfach gar nichts.

Durch Ihre Gehemmtheit wirken Sie vermutlich uninteressant und genauso uninteressiert. Ein erster Eindruck, der anderen nicht gerade Lust macht, Sie näher kennenzulernen. Zum Flirten gehört Übung – und das Schöne ist: Diese Übung macht Spaß.

Stellen Sie sich doch mal dieselbe Situation vor, aber mit anderen Voraussetzungen: Kleine Komplimente und verschenkte Lächeln sind völlig alltäglich für Sie. Sie wissen, was Sie attraktiv macht und bekommen häufig Bestätigung von Ihrer Umwelt, weil Sie aufmerksam, freundlich und interessiert sind. Sie gelten bei anderen als lockerer und charmanter Mensch, den man gerne anderen vorstellt und zu Partys einlädt. Sie wissen, wie man anderen Menschen ein gutes Gefühl gibt: Es macht Ihnen Spaß, mit Menschen zu kommunizieren und diesen Spaß merkt man Ihnen an. Sie haben ein Gespür dafür entwickelt, ob es ein „nettes Gespräch" oder ein „Flirt" ist und Übung darin, wie Sie den Gesprächsverlauf selbst steuern können. Und warum? Weil Sie flirten können – und weil Sie es offensichtlich tun!

Was bedeutet „flirten" und woher kommt es?

Das eigentlich englische Wort „to flirt" erklärt zum Beispiel „Webster's Dictionary" folgendermaßen: „to act amorously without serious intentions". Also „sich liebend verhalten, ohne ernste Absichten zu haben". Ursprünglich stammt das Wort ab vom französischen „fleur", also „Blume", oder „fleurter" für „blühen" beziehungsweise „sich entfalten". Könnte man also auch sagen, flirten bedeutet, „etwas durch die Blume" zu verstehen geben? Nun, da sind wir gar nicht so weit entfernt.

Ein weitverbreiteter Irrglaube ist, dass flirten immer „etwas zu bedeuten" hat (was bei Menschen in einer Beziehung dann oft die Eifersucht ins Spiel bringt) oder dass man flirtet und flirten muss, um einen Partner zu finden. Auch wird oft behauptet, dass flirten bedeute, jemanden anzusprechen.

Letzteres mag wohl stimmen – die Königsdisziplin im Flirten ist jedoch nicht, jemanden mit Worten anzusprechen, sondern schlichtweg auf andere ansprechend zu wirken. Und das wiederum schaffen Sie leicht, wenn Sie regelmäßig flirten.

Bis hinein in die Sechzigerjahre des zwanzigsten Jahrhunderts gehörte das Wort „flirten" nicht zum Sprachgebrauch. Es gab relativ einfache Regeln, wie zwei Menschen einander zeigten, dass sie sich „zugetan" sind. Es war sogar häufig üblich, dass sich die Frau den Mann nicht wirklich „aussuchen" konnte, sondern auf den Rat oder gar die Entscheidung der Familie hörte, wer denn nun der Richtige für sie sei. Geworben wurde jedoch schon immer: Ein Mann warb um die Gunst einer Dame – über die Jahrhunderte hinweg sicherlich auf verschiedene Arten –, doch stets ging es darum, beim anderen gut anzukommen. Und die Regeln waren einfach: Die Aufgabe der Frau war es, für den Mann so interessant zu sein, dass er auf die Idee kam, um sie werben zu wollen. Die Aufgabe des Mannes war, so um die Frau zu werben, dass sie ihn schließlich erhörte.

Flirten ist nicht anstrengend!

Ich höre manchmal in meinen Trainings, das Flirten sei anstrengend und würde eher nerven. Das lässt mich hellhörig werden, und ich frage erst mich und dann die Teilnehmer, mit welcher Intention sie flirten und wie sie das machen. Dabei entdecken wir häufig, dass es sich bei dieser Art des Flirtens eher um eine verkappte „Anmache" handelt. Die ist wirklich anstrengend: Denn man baut sich selbst Druck auf, der gar nicht nötig wäre, würde man einfach nur flirten.

Wenn wir davon ausgehen, dass der Flirt ein Spiel ist, dann sollte man das nicht so verstehen, dass man unbedingt gewinnen muss und automatisch verloren hat, wenn der potentielle Flirtpartner nicht auf den Flirt eingeht.

Ein Flirt ist auch keine Technik, die man – wie eine Lampe – an- und ausschaltet, wenn man es gerade braucht. Es ist eher so etwas wie eine Art, charmant und spielerisch mit anderen in Kontakt zu sein. Ein Spiel für Erwachsene zwischen Nähe und Distanz, in dem es um etwas mehr als nur Sympathie geht, ohne dass es gleich verpflichtend ist.

Ein Beispiel: Sie sehen jemanden, den Sie sympathisch finden und lächeln diesen fremden Menschen an. Lächelt der Mensch zurück, haben Sie etwas gewonnen: ein Lächeln. Sie können sich auf die Schulter klopfen und sagen: Ich habe jemandem der Situation entsprechend gezeigt, dass ich ihn gut finde.

Da Sie den Menschen ja gar nicht kennen, ist ein verschenktes Lächeln der Situation sicherlich angemessen – schließlich machen wir wildfremden Menschen keine Heiratsanträge… Der Mensch hat meine Geste erkannt – er hat sich offensichtlich darüber gefreut und diese Geste erwidert. Ich habe jemanden zum Lächeln gebracht. Ich habe jemandem, den ich gar nicht kenne, eine Freude, ein kleines Geschenk gemacht.

Na, wie fühlt sich das an? Gut, oder? Steigt Ihre eigene Laune mit solchen Gedanken auch? Ja? Wie schön. Und glauben Sie, dass man gut gelaunte Menschen von schlecht gelaunten unterscheiden kann? Ich auch! Wenn Sie mir (hoffentlich) zustimmen, dass man gut gelaunte Menschen attraktiver findet oder leichter auf sie zugeht als auf Menschen, deren Gefühlslage sich eher schwer oder vielleicht sogar leicht negativ deuten lässt?

Dann wissen Sie jetzt, was die beste Voraussetzung für einen Flirt ist!

Flirten – Anmache – ein nettes Gespräch: Wo ist da der Unterschied?

„Ich lerne relativ leicht Menschen kennen, habe häufig nette Gespräche, aber ich habe nicht das Gefühl, dass ich flirte." Diese und ähnliche Sätze höre ich häufig.

Was ist denn dann überhaupt ein Flirt? Beim Flirt geht es vordergründig stets nur um den Flirt an sich – um einen Hauch von Sexualität, ein Augenzwinkern, ein Kompliment, eine Andeutung der Möglichkeit, dass man den anderen attraktiv findet. Stellt man den Flirt als vergnüglichste aller Möglichkeiten der Kontaktaufnahme in die Mitte einer Skala, so befindet sich links davon der „nette Kontakt" oder das „nette Gespräch" und rechts davon die „Anmache".

Das nette Gespräch

Hier geht es um nichts weiter als den Kontakt oder das Gespräch. Es gibt keinen Hauch, kein Zwinkern und keine Andeutung. Es gibt nur Nettigkeit zwischen zwei Individuen, deren Geschlecht völlig nebensächlich sein könnte. Wenn ich einen „netten Kontakt" zu jemandem habe, geschieht das sehr bewusst. Nämlich dann, wenn ich jemandem begegne, den ich unter keinen Umständen auf mein Geschlecht aufmerksam machen möchte. Dumm nur, wenn Ihnen das vielleicht ständig unabsichtlich passiert.

Unter diesem „Syndrom" leiden häufig Menschen, die zum Beispiel in ihrem Beruf sehr seriös oder „geschlechtslos" sein müssen. Doch müssen wir das wirklich? Wären Sie ein schlechterer Arzt, eine schlechtere Anwältin, ein schlechterer Physiker, wenn Sie Ihren Job mit etwas Charme und einem Augenzwinkern ausübten? Mein Zahnarzt ist zwar nicht mein Typ, aber er ist ein toller Mann. Und er flirtet mit mir und das nicht erst, seit er weiß, dass ich Flirttrainerin bin. Nein, er flirtet mit mir, weil er merkt, dass es mich von meinen Zahnschmerzen und meiner Angst vor Zahnbehandlungen ablenkt, wenn er kleine Scherze mit mir macht und mir verschmitzt zuzwinkert. Das hilft ungemein und trägt zur Kundenbindung bei, denn ich habe eigentlich große Angst vor Zahnärzten.

Der „nette Kontakt" entsteht ungewollt häufig bei den Menschen, die sich Ihrer Sexualität nicht bewusst sind beziehungsweise die sich Themen wie sexuelle Anziehung nicht gestatten oder Sex für schmutzig oder verwerflich halten.

Diese Männer und Frauen kommen zwar in Kontakt mit Menschen, doch die Gespräche finden auf so sachlicher Ebene statt, dass der Gesprächspartner nie auf die Idee käme, dass man sich für ihn (oder sie) interessiert. Und vor allen Dingen würde er sich nicht für sie interessieren.

Ein netter Kontakt also ist kein Flirt. Ein Flirt jedoch ist auch keine Anmache!

Anbaggern, aufreißen, abschleppen oder angraben – nennen Sie es, wie Sie möchten. Die Anmache wird häufig als eine Form des Flirtens verstanden. Leider sogar von manchen Menschen als Definition des Flirts: hingehen, ansprechen, abschleppen. Nein! Das Anmachen ist ein Spiel, bei dem nur einer gewinnt – der Anmacher, wenn er Erfolg hat. Genau deswegen geht „flirten" auch öfter mal schief, denn die meisten Frauen werden nicht gerne angemacht. Sie mögen es nicht, wenn sie das Gefühl haben, nur deshalb angesprochen zu werden, weil eigentlich der Sex im Vordergrund steht, sie zufällig da sind und einigermaßen ins Beuteschema des Mannes passen – ohne dass der jeweilige Mann in ihres passt!.

Der Unterschied zum Flirt ist hierbei, dass sie in aller Regel unterstellen, dass lediglich „niedere Absichten" hinter dem Verhalten des Mannes stehen. Und das ist Anmache. Wenn sich jedoch ein/e „Anmacher/in" dieses Unterschieds bewusst ist, ist der Umgang mit Körben deutlich leichter: Ich starte eine Anmache und habe eine feste Absicht – zum Beispiel einen One-Night-Stand. Mir als Anmacher ist dann klar, dass nicht jede Frau (oder jeder Mann) darauf eingehen wird, und das ist in Ordnung. Wenn ich jedoch nur flirten möchte und behandelt werde, als hätte ich mein Gegenüber angemacht – dann tut das weh.

Ich habe einmal ein sehr schönes Beispiel für eine Anmache und den Umgang damit erlebt:

Ich saß mit zwei Freundinnen in einer Musikkneipe, als ein gut aussehender Typ an den Tisch trat und eine meiner Freundinnen ansprach. Ohne große Umschweife machte er ihr nach einem Kompliment über ihr süßes Lächeln und das hübsche Gesicht das Angebot, bei (und mit) ihm zu schlafen und eine schöne Nacht zu verbringen. Da meine Freundin bereits damals glücklich verheiratet war, lehnte sie ab. Der junge Mann bedauerte und verabschiedete sich freundlich und höflich.

Er nahm sich diese Absage allerdings keinesfalls zu Herzen, sondern machte im gleichen Takt weiter – und fand auch jemanden, der dasselbe wollte, wie er.

Der Flirt

Der Flirt selbst hat zwar eine sexuelle Komponente, doch diese schwingt nur unterschwellig mit: Es ist eine Art Spiel, das sowohl ernst gemeint als auch rein spielerisch sein kann. Genau das macht den Flirt ja so schön und so aufregend.

Bei einem Flirt kommuniziere ich im Grunde auf unterschiedlichen Levels mit Personen immer dieselbe Frage: Ich zeige ein „Ich finde dich gut/attraktiv/sexy/begehrenswert" und ich möchte wissen, ob du über mich auch so denkst. Das kann zum Beispiel bereits dadurch geschehen, dass ich jemandem zulächle – und dieser Mensch lächelt zurück. Voilà!

Das ist, was ich einen „Miniflirt" nenne. Ob es bei einem Lächeln bleibt oder zu einem Gespräch, einem Drink, einem One-Night-Stand oder einer Ehe kommt, ist erstmal egal.

Das Spiel steht immer im Vordergrund. Wenn ich mich nach einem Flirt fragen kann: „Wie ernst war das denn jetzt gemeint?", dann war der Flirt auf genau dem richtigen Level. Genau das macht das Flirten im Grunde auch ungefährlich:

Ich flirte zum Beispiel sehr gerne mit meinem Obsthändler. Ich bin ziemlich sicher, dass auch ihm klar ist, dass ich keine sexuellen Absichten ihm gegenüber hege, und auch er lauert sicher nicht ernsthaft darauf, mich bei nächster Gelegenheit in seinem Warenlager zu vernaschen. Aber wir spielen das Spiel, weil wir die Aufmerksamkeit des anderen genießen: Wir machen uns Komplimente, zwinkern uns zu, lassen ab und zu sogar leicht zweideutige Kommentare fallen. Das macht Spaß und das Leben süß. Außerdem kurbelt es die Wirtschaft an: Ich bekomme ab und an ein kleines Geschenk von ihm (zum Beispiel einen Apfel oder ein Körbchen Beeren) und er kann sich meiner Kundentreue sicher sein.

Kein Sex – trotzdem Flirt! Was sich in unseren Köpfen abspielt, ist unsere Sache. Doch die Wirkung ist, dass ich nach dem Einkaufen meist wirklich sehr, sehr gute Laune habe. Und die wiederum wird auch von anderen Menschen bemerkt. Nicht selten kommt es vor, dass wildfremde attraktive Männer mir zulächeln, zunicken oder mich sogar mitten auf der Straße ansprechen – auf meine gute Laune zum Beispiel.

Und so macht jeder noch so kleine und unernste Flirt den nächsten – vielleicht auch „ernsteren" – leichter.

Die Steinzeit lässt grüßen

Natürlich soll Flirten in erster Linie Spaß machen, doch macht es besonders Spaß und bekommt „Würze", wenn unsere Flirtpartner Menschen sind, die wir attraktiv finden. Mit jemandem zu flirten, der für uns „in Frage kommen" könnte, ist im Grunde das, was alle können und lernen möchten. Warum sonst haben Sie dieses Buch gekauft – sicher nicht für Ihren Obsthändler!

In dem Moment jedoch, wo das Flirten auf eine Person gerichtet ist, die uns attraktiv erscheint, sind wir von der Steinzeit lange nicht so weit entfernt, wie wir gerne glauben: In diesem Moment bekommt das Flirten einen etwas ernsteren Hintergrund. Wir wollen das Spiel spielen – aber der Druck ist ungleich höher. Wie kommt das?

Im Laufe der Evolution haben sich immer wieder neue Hirnstrukturen auf schon vorhandenen aufgebaut, bis sich das heutige menschliche Gehirn entwickelt hat, das zu komplexeren Funktionen fähig ist als das von beispielsweise Säugetieren oder Reptilien.

Eigentlich hat der Mensch somit drei Gehirne, die sich im Laufe der Entstehung und Entwicklung der Menschheit gebildet haben:

Das reptilische Gehirn

Der älteste Teil, der wichtig ist für alle Grundfunktionen des Lebens: Bewegung, jagen, pflegen, Revierabsteckung, unsere Angewohnheiten und den Paarungsdrang. Das reptilische Gehirn mag keine Veränderungen. Es lernt nur äußerst langsam und vermittelt uns das Gefühl der Routine und Sicherheit.

Das emotionale Mammalia-Gehirn

Dieses „emotionale" Gehirn ist zuständig für Lachen und Weinen, Spieltrieb und Sexualität, Euphorie und Depressionen. Alle Informationen, die im Langzeitgedächtnis gespeichert werden sollen, passieren zuerst einmal diesen Teil des Gehirns. Rationales Denkvermögen und Gefühl treffen hier aufeinander.

Das denkende Neomammalia-Gehirn

In diesem Bereich wird gedacht und gespeichert. Logisches Denken, die Bildung von Denkstrukturen, Fantasie und Schöpfergeist, die Fähigkeit zu Schlussfolgerungen und neuen Erkenntnissen sowie die Langzeitspeicherung von Informationen, ist die Hauptaufgabe dieses Teils unseres Gehirns.

Drei wichtige Faktoren, die mit dem Flirten zusammen-hängen, nämlich Paarungstrieb, Gefühle und Schlussfolge-rungen, finden somit in drei unterschiedlichen Bereichen unseres Gehirns statt. Diese Bereiche „kommunizieren" zwar miteinander. Sie sind aber auch ein wenig blind und „missverstehen" sich manchmal, weil sie die Bedeu-tung der Botschaften füreinander stets auf Basis der Gege-benheiten beurteilen, die während ihrer Entstehung von Bedeutung waren: Das Reptiliengehirn möchte also quasi gar nicht, dass wir „flirten" – es möchte sich nach Möglich-keit einfach nur mit dem besten zur Verfügung stehenden Partner paaren, um die eigenen Gene weiterzugeben.

Der emotionale Teil des Mammalia-Gehirns möchte sehr gerne flirten, sich verlieben und Spaß haben, ist aber auch empfänglich für Ängste. Eine Schlussfolgerung, die ich im Neomammalia-Gehirn treffe, wird blitzschnell an unser Reptiliengehirn geleitet, wo entsprechende Hor-mone dafür sorgen, dass ich reagiere. Das Reptiliengehirn jedoch ist blind und geht immer noch von den Gegeben-heiten der Steinzeit und des reinen Überlebens aus.

Flirten für die Fortpflanzung?

Auf unser Thema angewandt heißt das: Der finale Erfolg eines Flirts ist unserem „Steinzeitgehirn" gemäß die Fort-pflanzung. Die Grundmuster für diesen Trieb sind sehr einfach. Daher rührt auch das tendenziell unterschiedliche Flirtverhalten der Geschlechter: Die meisten Männer sind einem Flirt generell nicht abgeneigt, da ihr „Steinzeitgehirn" darauf aus ist, sich möglichst häufig zu reproduzieren. Sprich: Das Gehirn ist der Ansicht, es schade nicht, mit möglichst vielen Frauen Sex zu haben. Begeben sie sich jedoch in die „Gefahr" sich an eine Frau heranzumachen, die bereits vergeben ist oder für die sie eventuell nicht gut genug sind, bedeutet das aus dem Blickwinkel des Reptiliengehirns eine Bedrohung für das eigene Leben, weil sie somit keine Chance haben, sich zu reproduzieren.

Frauen dagegen sind von ihrem Reptiliengehirn dazu angehalten, wählerisch zu sein: Wenn Flirten zum Sex führen kann und Sex zu einer Schwangerschaft, gilt es sehr viel sorgfältiger auszuwählen, mit wem man sich da „einlässt". Denn wenn eine Frau sich mit einem Mann „paart" und seine Gene mit ihren verbindet, kann sie sich für eine ganze Zeit nicht mehr von einem anderen Mann „begatten" lassen, dessen Gene vielleicht noch besser gewesen wären, die eigenen zu ergänzen.

Hinzu kommt, dass viele Frauen auch gelernt haben, dass sie sich nicht so leicht auf einen Mann einlassen dürfen: Man könnte sie für eine Schlampe halten, wenn sie zu leicht zu haben ist oder sie könnten vergewaltigt werden, wenn der Mann den Flirt falsch versteht und ihre Grenze nicht akzeptiert.

Das klingt jetzt völlig überzogen und abstrus, nicht wahr? Schließlich leben wir doch nicht mehr in der Steinzeit – wir sind alle aufgeklärt und intelligent. Doch wie ist es sonst zu erklären, dass Männer bei einer Möglichkeit zum „One-Night-Stand" mit einer fremden Frau deutlich öfter Ja sagen, als Frauen bei einem ihnen unbekannten Mann?

Nicht denken – flirten!

Für einen guten Flirt braucht man durchaus ein wenig logisches Denken und die Fähigkeit zum Schlussfolgern. Schlussfolgere ich in meinem Neomammalia-Gehirn jedoch zu unsicher und bekomme in meinem emotionalen Mammalia-Gehirn Angst, kommt bei meinem Reptilien-gehirn eine Botschaft an, die Reaktionen hervorruft als sei mein Leben in Gefahr. Es werden Stresshormone wie zum Beispiel Adrenalin ausgeschüttet. Diese wiederum blockieren die Verbindung zum Großhirn und mir fällt nichts Gescheites ein, was ich jetzt sagen oder wie ich reagieren könnte. Ich bin blockiert – die schlechteste Voraussetzung für einen Flirt.

Zum Glück geht es beim Flirten nicht nur um steinzeit-liche Verhaltensmuster. Ein wichtiger Faktor für das Flirten ist die Attraktivität. Attraktivität wird weniger durch das Aussehen an sich, als durch das Verhalten einer Person bestimmt. Schön ist nicht automatisch attraktiv.

Es geht beim Flirten nicht darum, wie man andere Menschen „verbal" anspricht (also mit welchen Sprüchen man Erfolg hat), sondern wie man „ansprechend" oder noch besser „anziehend" wirkt.

Wer, glauben Sie, hat mehr Chancen beim anderen Geschlecht:

- Eine Frau, die sich sexy fühlt und ebenso gibt – auch wenn Sie nicht wie ein Topmodel aussieht. Die charmant ist, viel lächelt, ihre Vorzüge betont und offen auf Menschen zugeht;

  oder

- eine Frau mit perfekten Maßen, die sich selbst hässlich findet, verkniffen schaut und sich in weiten Pullovern und ausgebeulten Hosen versteckt.

Dies gilt ebenso – und fast noch ausgeprägter – auch für Männer: Frauen beurteilen Männer weniger nach „Schönheit" als nach ihrer Haltung, ihrem Verhalten und ihrer Ausstrahlung. Ein Mann, der einer Frau das Gefühl gibt, dass er Angst hat, wird niemals attraktiv auf die Frau wirken! Dabei ist es völlig egal, ob er Angst vor ihr oder „nur" Angst vor Ablehnung hat.

Die erfolgreichste Einstellung für einen Flirt ist der Wunsch, einem anderen Menschen ein gutes Gefühl zu geben.

WIE WERDE ICH EIN GUTER FLIRTER?

Flirten wird dann erfolgreich, wenn Sie über den Moment des Flirtens hinaus nichts weiter anstreben als nur diesen einen Moment. Und dann erst einen weiteren und erst dann vielleicht einen weiteren. Wer sich schon vorher zu viele Gedanken darüber macht, was er sagen könnte, wenn er denn dazu käme, etwas zu sagen – verpasst die beste Chance!

Ob ein Flirt zustande kommt oder nicht, hängt damit zum größten Teil von Ihnen selbst ab. Bestimmt gibt es Menschen, die man mit noch so viel Charme nicht zu einem Flirt bringen kann, aber es gibt deutlich mehr Menschen, die zwar zunächst passiv sind, aber erfreut auf einen Flirt eingehen, wenn jemand ihnen einen „anbietet". Sie könnten dieser Jemand sein!

Am Anfang steht das „Ich"

Ihre Persönlichkeit und Ihr Auftreten sind für einen Flirt deutlich wichtiger als jeder Spruch und jeder Trick. Der allererste Eindruck von einer Person bestimmt in der Regel, ob es überhaupt zu einem Flirt kommen kann oder nicht. Dieser erste Eindruck entsteht innerhalb kürzester Zeit und basiert zu über 90 Prozent auf Erscheinung, Auftreten, Mimik, Gestik und dem Klang der Stimme.

Wie ich jedoch auftrete, wie ich mich gebe, wie ich dreinschaue und mich bewege, hat unweigerlich damit zu tun, wie ich mich fühle. Das Bild, das Sie von sich selbst haben, bestimmt das Bild, das andere von Ihnen bekommen können. Schauen wir uns also zunächst einmal an, was Sie für sich tun können, um die besten Voraussetzungen für mehr Spaß und Erfolg beim Flirten zu schaffen.

Die Top 5, die einen guten Flirter ausmachen

Völlig unabhängig von irgendwelchen Sprüchen, Tipps, Tricks und Sonstigem sind es im Grunde fünf Punkte, die für das Flirten wichtig sind:

1. Lernen Sie sich selbst zu akzeptieren, wie Sie sind.
2. Seien Sie präsent im Hier und Jetzt.
3. Seien Sie aufmerksam und offen für Neues.
4. Werden Sie unabhängig von der Meinung anderer.
5. Machen Sie sich bewusst, dass Sie selbst dafür verantwortlich sind, ein glückliches Leben zu führen.

Was diese fünf Punkte bedeuten und wie Sie sie erreichen und entwickeln können, ist Inhalt dieses Kapitels. Jeder Mensch ist in der Lage, all diese Voraussetzungen zu erfüllen. Und das Gute daran ist: Es ist gar nicht schwer und macht Ihr Leben schöner!

1. Akzeptieren Sie sich so, wie Sie sind

Das klingt banal und irgendwie schon fast abgenutzt, nicht wahr? Seltsam nur, dass so viele Menschen sich so schwer damit tun.

Zunächst einmal: Wenn Sie mit sich selbst zufrieden sind, sind Sie für jeden Flirtversuch gewappnet, denn auch eine mögliche Niederlage kann Sie nicht so leicht aus dem Gleichgewicht bringen. Ein Mensch, der mit sich zufrieden ist, fühlt sich nicht abgelehnt oder verletzt, wenn er bei anderen nicht ankommt. Er weiß, dass alle Menschen andere Bedürfnisse haben und er nicht alle Bedürfnisse aller Menschen erfüllen kann. Sie mögen doch auch nicht jeden – warum sollte jeder Sie mögen?

Das Auto-Beispiel

Ich gebe in meinen Trainings gerne das Auto-Beispiel: Es gibt Millionen von Autos auf der Welt – und so viele unterschiedliche, dass man sie kaum zu zählen vermag. Und es gibt Menschen, die beim Anblick eines Porsche Carrera nervös werden. Andere wiederum wünschen sich nichts mehr als einen Geländewagen und wieder andere lieben heiß und innig ihren Golf mit seinen tausend Beulen.

Das Auto, das jemand fährt, sagt etwas über ihn, seine Vorlieben, Bedürfnisse oder auch Lebensverhältnisse und seinen Lebensstil aus. Aber selbst der rumpeligste, verbeulteste kleine VW-Transporter findet einen feschen Kölner Sportstudenten, der sich freut, endlich sein Auto gefunden zu haben, in das er am Wochenende sein Surfbrett packt, und ans Meer fährt. Er wird diesen Wagen hegen und pflegen, mit Sonderausstattung versehen und nahezu alles dafür tun, um auch die nächste TÜV-Plakette zu bekommen. Und wenn er alt ist, wird er seinen Kindern und Enkeln Fotos zeigen und sagen: „Das war mein erstes Auto, und es war toll!" (Und heimlich wird er sich denken: „Und darin, mein Sohn, habe ich auch Deine Mutter zum ersten Mal vernascht ...") So gibt es eben bei Autos genau wie bei Menschen verschiedene „Modelle" für verschiedene Bedürfnisse.

Zufrieden mit sich zu sein, ist auch ein wichtiger Faktor für Ihre Ausstrahlung: Ein Mensch, der zufrieden mit sich ist und sich mag, der wirkt auf andere gelassen und souverän – zwei Eigenschaften, die sich viele Menschen wünschen und als attraktiv erachten.

Ich meine damit nicht, dass Sie nicht danach streben sollten, sich zu verbessern – im Gegenteil. Wenn Sie etwas verbessern möchten, dann tun Sie es. Aber jammern Sie nicht über die Dinge, die sich nicht ändern können oder wollen. Akzeptieren Sie sie.

Aber ich bin nur ...

Verabschieden Sie sich von den Idealbildern aus den Hollywoodfilmen und anderen Medien: Kein Mensch ist physisch und psychisch nur mit Vorzügen ausgestattet. Was ist das überhaupt, ein Vorzug? Wir sprechen immer von Stärken und Schwächen von hübsch und hässlich, von gut und schlecht. Doch wie jemand etwas beurteilt, das ist fast ausschließlich Ansichtssache!

Was ist hübsch oder hässlich? Man hört immer wieder, dass gerade die Supermodels und Schauspieler/-innen sehr unzufrieden mit sich und ihrem Äußeren sind – obwohl gerade sie doch offenbar das Schönheitsideal, das uns diktiert wird, verkörpern. Ich kenne unzählige Frauen, die unglücklich über ihre Figur sind, obwohl sie absolut tadellos ist. Viele Männer sind der Meinung, dass sie zu klein sind. Superstar Tom Cruise misst gerade mal 1,68 Meter, sein Schauspielkollege Michael J. Fox sogar nur 1,62 Meter – na und?

Ich selbst lernte einmal einen Mann kennen, der mich bewunderte und mir immer wieder sagte, dass ich so klug und gebildet sei und dass ich so toll sprechen und schreiben würde. Er stellte mich auf einen Sockel und bewunderte mich. An sich selbst hingegen ließ er kein gutes

Haar. Er sei weder besonders klug noch sonderlich gebildet, könne keine Fremdsprachen und habe nie einen richtigen Beruf gelernt. Dieser Mann war jedoch auch ohne eine höhere Schulbildung ein sehr intelligenter und tiefsinniger Gesprächspartner. Ich mochte, wie er meinen Gedanken so gut folgte, dass er viele davon zu Ende führte und oft noch bessere Lösungen oder Erklärungen fand als ich. Er war zudem ein absolut virtuoser Gitarrist. Ich bewundere ihn noch heute dafür, wie unglaublich gut er dieses Instrument beherrscht, das er sich sogar selbst beigebracht hatte. „Ach das", sagte er zu mir, „das ist doch nichts Besonderes!"

Ich habe mal probiert, Gitarre spielen zu lernen und ich weiß seitdem ganz sicher: Es ist etwas Besonderes. Es fällt nicht jedem einfach so zu. Es ist eine Mischung aus Begabung zum einen und Hartnäckigkeit, Willen, Technik, Gehör und Disziplin zum anderen. Sonst wären wir alle Jimi Hendrix…

Zeigen Sie Ihre Sonnenseiten

Ich fand es sehr schade zu sehen, dass mein Freund all das gar nicht richtig zu schätzen wusste. Im Grunde geht das vielen Menschen so: Wir leben in einer Gesellschaft, in der wir für Fehler oder Schwächen eher kritisiert und getadelt werden, als dass wir ein Lob erhalten. Daher sind wir es gewohnt, eher unsere Schwachpunkte als unsere Stärken zu sehen. Jeder Mensch hat seine Schattenseiten, aber vor allem auch seine Sonnenseiten. Stellen Sie sich nicht selbst in den Schatten, sondern lernen Sie sich selbst schätzen.

Machen Sie sich doch mal Folgendes klar: Es leben über sechs Milliarden Menschen auf der Erde, und obwohl wir alle gleich gebaut sind, sind wir alle vollkommen unterschiedlich. Und doch ist ein jeder für sich bei allen Schwächen und Fehlern im Grunde perfekt. Sie müssen genau so sein, wie Sie sind, damit Sie so sind, wie Sie sein sollten. Auch wenn die Natur Sie äußerlich so geschaffen hat, wie Sie sind, und mit den Talenten ausgestattet hat, die Sie haben: Sie selbst können sich jederzeit ändern. Sie dürfen das!

Sind Sie unzufrieden mit sich, weil Sie zu dick sind? Dann nehmen Sie ab, Sie dürfen sich ändern! Glauben Sie, Sie wären glücklicher mit einer kleineren Nase? Gut, fangen Sie an zu sparen – eine Nasen-OP kostet in etwa so viel wie zwei Sommerurlaube. Sie finden sich zu klein? Lernen Sie in hohen Schuhen zu laufen!

Ich plädiere in keiner Weise für Schönheitsoperationen, Mogelpackungen, Hungerkuren oder Sonstiges. Ich möchte Ihnen nur klarmachen: Es gibt Dinge, die man ändern kann. Wenn Sie etwas an sich stört, ändern Sie es. Sie haben es in der Hand, Ihr Leben für sich selbst glücklicher zu gestalten. Natürlich gibt es auch Dinge, die man nicht ändern kann. Aber sich über etwas Unabänderbares zu ärgern oder darüber zu jammern, bringt gar nichts. Im Gegenteil, akzeptieren Sie es so, wie es ist anstatt es als

Ausrede zu benutzen, warum gerade Sie nicht glücklich werden sollten.

Das „Gesamtpaket" muss stimmen

Kein einziger Mensch hat nur Anlagen mitbekommen, die von der Gesellschaft als Vorzüge gewertet werden – jeder von uns ist ein „Gesamtpaket". Wir haben eine große Chance, aus diesem Gesamtpaket etwas zu machen: Das Leben hat uns eingeladen, diesen Planeten etwa 30 000 Tage erleben und entdecken zu dürfen – nutzen Sie diese Chance und machen Sie etwas aus Ihrem „Gesamtpaket". Machen Sie das Beste aus sich! Betonen Sie das, was Sie lieben und verzeihen Sie sich das, was Sie nicht so sehr lieben. Es gibt jemanden, der auch das liebt oder für den die „Vorteile des Gesamtpaketes" so reizvoll erscheinen, dass er die „Nachteile" gerne in Kauf nimmt.

Die amerikanische Autorin und Therapeutin Byron Katie sagte einmal: „Sie können etwas lieben oder hassen – es macht keinen Unterschied. Aber wenn Sie zwischen lieben und hassen wählen müssen, entscheiden Sie sich für lieben, für eine positive Sicht." So werden Sie die Menschen anziehen, nach denen Sie sich sehnen.

Lernen Sie, sich zu akzeptieren

Eine Teilnehmerin im Flirttraining sagte einmal zu mir, dass es ja für jemanden wie mich wohl sehr leicht sei, sich selbst zu mögen und zu akzeptieren. Für sie jedoch sei es ungleich schwieriger. Ich bat sie, diese Aussage zu erklären. Sie sagte: „Schau dich doch mal an: du siehst toll aus, bist irre selbstbewusst, bringst andere zum Lachen, bist intelligent und außerdem bist du eine bekannte Flirttrainerin – alle mögen dich. Da ist es doch wohl nicht schwer, sich selbst zu mögen."

Das verschlug mir im ersten Moment fast die Sprache, denn ich war beeindruckt und überrascht davon, dass diese junge Dame im Grunde fast alle Auswirkungen des „Sich-selbst-Mögens" an mir erkannt und beschrieben hatte, aber selber gar nicht begriff, dass ihre genannten Gründe die Auswirkung – nicht die Ursache – waren.

Ich antwortete ihr, dass ich, wenn ich wollte, viele Gründe zur Selbstablehnung finden könnte. Zum Beispiel wäre ich ein bisschen zu dick, hätte schiefe Zähne, tendierte zu Unordentlichkeit, hätte einen Hang zur Selbstinszenierung und übertriebe es oft mit Ausgaben für Luxusartikel. Selbstverständlich würde auch ich ab und zu zweifeln, zögern oder mich über mich ärgern. All das wären Dinge, die ich mir ständig und durchaus zu Recht vorwerfen könne. Aber ich würde es nicht tun, da ich mir dann selber das Leben schwermachen würde. Ich zöge es vor, mir all das zu verzeihen und mich zu mögen – trotz oder vielleicht sogar gerade wegen all dieser „Schwächen". Genau diese Einstellung mache mich erst selbstbewusst und das ermögliche es mir überhaupt, toll auszusehen, andere zum Lachen zu bringen und eine gute Flirttrainerin zu sein.

Die Kursteilnehmerin war übrigens beneidenswert schlank, hübsch und intelligent. Vor allem die männlichen Teilnehmer konnten nicht nachvollziehen, was diese Frau für ein Problem hatte. Ihr Problem war das Bild, das sie von sich selbst hatte: Sie fand sich nicht hübsch genug, sie fand sich nicht klug genug, sie machte sich den ganzen Tag Gedanken darüber, warum sie dieses oder jenes nicht getan oder so gemacht hatte und vieles mehr. Anstatt dankbar dafür zu sein, wie viel Glück sie hatte, sah sie nur das, was sie nicht hatte, nicht konnte, nicht war. Sie ärgerte sich über sich, lehnte sich selbst dafür ab, dass sie nicht so war, wie sie sich gerne haben wollte.

Demut macht dankbar

Kommt Ihnen das vielleicht sogar bekannt vor? Dann habe ich eine schöne Übung für Sie: Wenn Sie morgen früh aufwachen, verharren Sie einen Moment. Liegen Sie in einem bequemen, weichen Bett, eingekuschelt in eine warme Decke?

Gut. Seien Sie für einen kleinen Moment dankbar, denn Sie haben circa 90 Prozent der Weltbevölkerung etwas voraus. Schalten Sie das Licht an. Sie haben Licht in ihrem Zimmer, einfach so auf Knopfdruck? Und vielleicht Heizung? Und im Badezimmer kommt heißes Wasser aus der Dusche?

Schön. Seien Sie für einen kleinen Moment dankbar. Auch hier haben Sie über 90 Prozent der Weltbevölkerung etwas voraus.

Und jetzt müssen Sie zur Arbeit? Sie haben Arbeit? Toll! Sie haben keine Arbeit und trotzdem ein Dach über dem Kopf und Essen im Haus? Wow, wirklich?

Sind Sie gesund? Seien Sie dankbar dafür! Sind Sie krank? Ein Arzt, der Ihnen helfen kann, ist nicht weit entfernt und behandelt Sie für verhältnismäßig wenig Geld? Ist das nicht unglaublich?

Ich denke, Sie merken, worauf ich hinaus will. Es ist eine Übung in Dankbarkeit und Demut. Es gibt unglaublich viele Menschen, die täglich um ihr nacktes Überleben kämpfen müssen.

Stellen Sie sich vor, wie Sie mit einem chinesischen Fabrikarbeiter oder einem Obdachlosen auf den Straßen Manilas sprechen und Sie ihm von Ihrem Zuhause, Ihrer Arbeit, Ihrem Leben in Deutschland erzählen. Und dann sagen sie ihm bitte, dass Sie unzufrieden sind mit sich und Ihrem Leben.

Mäkeln Sie nicht an sich herum, sondern nutzen Sie die Chance, Ihr Leben so gestalten zu können, dass Sie glücklich sind. Überlegen Sie mal: Wenn Sie sich selbst nicht mögen, warum sollte es ein anderer tun?

Die Geschichte vom Schokoladenkuchen

Stellen Sie sich vor, Sie sind ein Schokoladenkuchen. Da stehen Sie nun auf einem Tortenbuffet und präsentieren sich inmitten vieler anderer Sorten: Erdbeerkuchen, Linzer Torte, Frankfurter Kranz und andere. Leute kommen ans Buffet und schauen, was es gibt. Sie hoffen natürlich, dass Sie jemand mag – schließlich sind Sie ein köstlicher Schokoladenkuchen.

Die Gäste fangen an, sich zu bedienen:
Der Erste nimmt sich ... Erdbeerkuchen.
Der Zweite nimmt sich ... Erdbeerkuchen.
Der Dritte nimmt sich ... Linzertorte.
Der Vierte nimmt sich ... Streuselkuchen.
Der Fünfte schaut, und nimmt sich ja, ja ... schon wieder: Erdbeerkuchen!
Keiner hat den Schokoladenkuchen gewählt.

Sie werden traurig. Sie fragen sich, ob mit Ihnen etwas nicht stimmt und überlegen, ob Sie vielleicht ein paar Erdbeeren brauchen, um interessanter zu werden oder ob Sie vielleicht nicht gut genug aussehen. Sie fragen sich, ob es vielleicht heute einfach keine Esser mehr für Schokoladenkuchen gibt.

Langsam finden Sie die Buffetgäste allesamt blöd. Doch dann kommt einer, schaut über das Buffet und sagt: „Oh –

Schokoladenkuchen! Mein Lieblingskuchen!" Er nimmt sich ein besonders großes Stück, freut sich und genießt.

Was ist passiert? Waren Sie vielleicht – obwohl Sie schon die ganze Zeit ein leckerer Schokokuchen waren – vorher nicht genießbar? Hat irgendwas mit Ihnen nicht gestimmt?

Wohl kaum: Die anderen Gäste mochten einfach lieber anderen Kuchen – Erdbeerkuchen zum Beispiel. Und wer Erdbeerkuchen mag, der soll Erdbeerkuchen haben. Wäre doch eintönig, wenn alle immer nur Schokoladenkuchen haben wollten, oder? Wer Schokoladenkuchen mag, der wird sich freuen, wenn er Schokoladenkuchen bekommt!

Und darüber hinaus: Wenn Sie ein Schokoladenkuchen sind, dann seien Sie mit Leib und Seele und voller Überzeugung Schokoladenkuchen – dunkel und saftig und mit der allerbesten Schokolade, sodass jeder sofort sehen kann: Wow, das ist aber mal ein richtig schokoladiger Schokoladenkuchen, der sieht echt lecker aus!

Denn wenn Sie solch ein Schokoladenkuchen sind, dann kommt vielleicht auch so mancher Erdbeerkuchen-Fan auf den Gedanken: „Mmmh, eigentlich bin ich ja ein Erdbeerkuchen-Typ, aber dieser Schokoladenkuchen, der sieht ja derartig köstlich aus, dass ich den auch mal probieren könnte. Vielleicht entdecke ich ja etwas Neues und Besonderes!"

ÜBUNG: WAS MÖGEN SIE AN SICH?

Machen Sie sich eine Liste aller Dinge, die Sie und vielleicht auch andere an Ihnen mögen. Fragen Sie Ihre Freunde, Familienmitglieder oder Kollegen, was man an Ihnen schätzt. Sie werden erstaunt sein, was Sie auf konkrete Nachfrage zu hören bekommen. Andere Menschen sagen einem meist sogar sehr gerne, was sie an einem mögen.

Vervollständigen Sie die folgenden Sätze über sich:
- Meine Freunde mögen mich für ...
- Mein Arbeitgeber/meine Kollegen/Kunden schätzen mich, weil ...
- Ich bin ein gute/r Partner/in für eine Frau/einen Mann, weil ...
- Man kann Spaß mit mir haben, weil ...
- Ich fühle mich wohl, wenn ...
- Sexy an mir ist ...
- Besonders an mir ist ...

Die Vervollständigung der beiden letzten Satzanfänge fällt vielen Menschen zunächst schwer – es geht in diesem Fall auch nicht darum, was andere denken – es geht nur um Sie. Sie bestimmen jetzt für sich selber und Sie sind dabei die einzig relevante Person, die Sie beurteilt.

Wenn Sie selber nichts an sich entdecken können, dass sexy ist – wie soll jemand anderes etwas finden? Bestimmen Sie etwas!

Nehmen Sie sich diese Liste immer wieder zur Hand. Ergänzen und überarbeiten Sie sie regelmäßig. Fügen Sie auch gerne neue Sätze hinzu – solange sie positiv sind.

2. Seien Sie präsent – im Hier und Jetzt

Viele Menschen schleichen mit geneigtem Kopf oder hochgezogenen Schultern durch die Gegend und machen den Eindruck, gar nicht erst bemerkt werden zu wollen. Oder noch schlimmer: Sie scheinen sich beständig dafür zu entschuldigen, dass sie überhaupt da sind! Manchmal sehe ich Menschen einen Raum betreten, die förmlich zu denken scheinen: „Hoffentlich bemerkt mich niemand!" Traurigerweise funktioniert das dann meist auch.

Es geht nicht darum, etwas zu tun, um anderen sofort aufzufallen. Es geht darum, wirklich da sein zu wollen. Einen Raum, einen Bus oder welches Gebiet auch immer bewusst zu betreten, und in Gedanken zu sagen: „Hallo allerseits!" – und wirklich da zu sein.

Setzen Sie auf Ihre Ausstrahlung

Waren Sie schon mal so richtig verliebt? Können Sie sich noch an das Gefühl erinnern, als Sie zum Beispiel den Job oder Studienplatz bekommen haben, den Sie sich wünschten? Denken Sie mal daran zurück. Erinnern Sie sich vielleicht daran, dass es Ihnen zu dieser Zeit auch passiert ist, dass völlig fremde Menschen Sie ansahen oder sogar anlächelten, obwohl Sie selbst (scheinbar) gar nichts gemacht hatten?

Das lag an Ihrer positiven Ausstrahlung, die so präsent war, dass auch andere sie spüren konnten und darauf reagierten. Nun sind Sie vermutlich im Moment noch nicht verliebt – sonst würden Sie vielleicht diesen Ratgeber nicht in Händen halten. Und man bekommt auch nicht täglich einen Job, den man sich wünscht. Natürlich – und das ist auch menschlich – ist man nicht jeden Tag gleich präsent und positiv. Es gibt diese Tage, an denen das Wetter nervt oder man einen unangenehmen Gesprächspartner erwartet oder einfach in Gedanken versunken ist und dann einfach, wie man so schön sagt, „etwas neben sich steht".

Doch genau das ist der Grund, warum ich diesem Thema besondere Aufmerksamkeit widme und Sie bitte, dies ebenfalls zu tun. Ganz gleich, aus welchem Grund Sie vielleicht gerade nicht auffallen, Sie nehmen dennoch Ihre Umwelt wahr und beurteilen Ihre Erfahrungen: Alle Menschen haben ein Grundbedürfnis gemeinsam: Sie suchen nach Anerkennung und möchten geliebt werden.

Keiner liebt mich! Wirklich?

Zuwendung und Liebe sind Grundbedürfnisse aller Menschen – deshalb achten wir auch im Kleinen ganz unbewusst beständig darauf, ob wir sie bekommen: in Form von Bestätigung, Anerkennung, Freundlichkeit, Aufmerksamkeit von anderen. Wir tasten sozusagen unbewusst unsere Umgebung nach Meinungen über uns ab. Sind wir jedoch selbst nicht präsent, fallen wir niemandem auf. Weil wir selbst keine „Signale aussenden", reagiert niemand auf uns. Andere Menschen verhalten sich neutral, fast so, als wären Sie gar nicht da. Und diese Neutralität wird – da sie keine Bestätigung oder Zuwendung ist – häufig als Ablehnung interpretiert: Keiner liebt mich! Daraus entsteht dann eine ganz fatale, sich selbst erfüllende Prophezeiung: Wenn Sie glauben, dass keiner Sie liebt, werden Sie noch weniger tun, um aufzufallen. Sie werden noch unsicherer werden und noch weniger präsent sein. Und genau damit werden Sie anderen Menschen allen Grund geben, Sie zu ignorieren. Denn wer bemerkt einen fremden Menschen, der sich gibt, als möchte er am liebsten gar nicht da sein?

Die selbsterfüllende Prophezeiung

In der differenziellen Psychologie taucht der Begriff der „selbst erfüllenden Prophezeiung" im Zusammenhang mit dem sogenannten „Attraktivitätsstereotyp" auf: Psychologen wollten in Jahr 1977 mittels einer Studie herausfinden, ob Menschen wirklich nach dem Motto „Was schön ist, ist auch gut" denken und handeln. Das Ergebnis der Studie, die 1981 von den Psychologinnen Susan Andersen und Sandra Lipsitz Bem fortgeführt wurde: Stereotype aus dem Bereich der Attraktivitätsforschung können zur „selbst erfüllenden Prophezeiung" werden. Das heißt, dass Menschen, die den allgemeinen Maßstäben physischer Attraktivität entsprechen – also attraktiv sind – mehr positive Charakterzüge wie Aufgeschlossenheit, Freundlichkeit und

Geselligkeit zugeschrieben werden. Demzufolge werden gut aussehende Menschen von ihren Mitmenschen ebenfalls offen und freundlich behandelt. Im Umkehrschluss handeln die attraktiven Menschen – wie erwartet – freundlich und bestätigen das „freundliche Vorurteil" ihnen gegenüber.

Viele Menschen, die „schüchtern" sind, verhalten sich zurückhaltend, weil sie Angst haben, dass andere sie als unattraktiv empfinden könnten oder dass das, was in ihren Köpfen vorgeht von anderen nicht geschätzt oder auch nur akzeptiert würde. Sie ziehen sich zurück und sind aus Angst vor Ablehnung nicht präsent.

Andere wiederum haben Angst, dass ihr „wahres Ich" nicht interessant oder perfekt genug ist und inszenieren eine große Show. Sie wirken präsent – aber sie sind es in Wahrheit gar nicht: Das was sie „präsentieren" ist nur eine Show, eine Maskerade hinter der sie sich verstecken.

Suchen Sie nach einem Menschen, der Sie liebt? Ich gehe davon aus, dass Ihre Antwort „ja" lautet. Wenn ein Mensch Sie liebt, dann bedeutet das doch, dass dieser Mensch Sie mögen soll, so wie Sie sind. Sie möchten einen Menschen finden, der das, was Sie vertreten und glauben, gut findet. Oder wenn er schon nicht alles mag, dass er dann zumindest auch die Punkte akzeptiert, die nicht genau in sein „Schema" passen.

Sie wollen doch nicht einem anderen Menschen „nach dem Mund reden müssen", damit er Sie mag, oder? Genau wie Sie in einem Bewerbungsgespräch keine falsche Versprechungen über Ihre Fähigkeiten machen würden, um eine Stelle zu bekommen, die Ihrem Können und Ihren Vorstellungen nicht entspricht. Zeigen Sie sich, seien Sie präsent. Aber bleiben Sie dabei Sie selbst, bleiben Sie authentisch. Dann haben Sie die Chance, die Menschen zu erkennen, die zu Ihnen passen: Es sind die, die das, wofür Sie stehen wollen, gut finden.

Was tun bei Schüchternheit?

Schüchterne Menschen machen sich meist zu viele Gedanken darüber, was andere über sie denken. Diese Angst ist dann oft stärker als das Bedürfnis, einfach man selbst zu sein und Menschen kennenzulernen. „Bloß nicht auffallen", ist sozusagen die Lebensdevise des Schüchternen.

Was dabei oft vergessen wird: Andere Menschen denken meist ebenso über sich nach, wie Sie über sich und ich über mich. Wenn ein anderer Mensch aber gar nichts von Ihnen mitbekommt, weil Sie nur schweigen und den Blick nach unten senken – also nicht präsent sind –, denkt er (oder sie) einfach gar nichts über Sie. Und er kommt somit gar nicht auf die Idee, dass Sie jemand sein könnten, den man kennenlernen sollte.

Es gibt verschiedene Wege, die Menschen, die zu einem passen, zu finden.

Anstatt sich mit dem zu quälen, was Sie nicht können, tun Sie das, was Sie können. Wenn Sie keine großen Menschenmengen mögen, dann zwingen Sie sich nicht, an Orte zu gehen, wo viele Menschen sind, nur um jemanden kennen zu lernen. Wenn Sie sich dort permanent unwohl fühlen, sinkt nur Ihr Selbstvertrauen und Sie wirken dadurch auch nicht gerade attraktiv.

Vielleicht sind Sie ja auch gar nicht schüchtern, sondern einfach nur „still" oder eher introvertiert? Warum sollten Sie das ändern, wenn Sie es vielleicht sogar mögen, so zu sein? Man muss nicht viel reden oder einen „Riesenauftritt" haben, um zu flirten. Manchmal sind es gerade die stilleren Menschen, die einen besonderen Zauber haben. Sorgen Sie dafür, dass Sie auf Ihre Art Freundlichkeit, Offenheit und Aufmerksamkeit zeigen. Wenn Sie Ihr Gegenüber freundlich und interessiert anschauen, können Sie positiv wahrgenommen werden– anstatt unheimlich oder desinteressiert.

Spielen Sie die Rolle Ihres Lebens: sich selbst!

Wie Sie sich verhalten und was Sie von sich zeigen, bestimmt, was Ihnen widerfährt. Sie können Vertrauen aufbauen, Herzen gewinnen, Menschen verblüffen, erheitern und vieles mehr.

Präsent zu sein bedeutet auch, sich gedanklich an dem Ort und in der Zeit zu befinden, die Sie gegenwärtig umgibt – und nicht in Gedanken der Vergangenheit, schlechten Erfahrungen und daraus resultierenden Ängsten zu hängen oder bereits so weit in der Zukunft zu sein, dass Sie die Gegenwart gar nicht wirklich spüren.

DER ZENMEISTER UND DIE SUCHENDEN

Es kamen einmal ein paar Suchende zu einem alten Zenmeister. „Herr", fragten sie „was tust du, um glücklich und zufrieden zu sein? Wir wären auch gerne so glücklich wie du."

Der Alte antwortete mit mildem Lächeln: „Wenn ich liege, dann liege ich. Wenn ich aufstehe, dann stehe ich auf. Wenn ich gehe, dann gehe ich, und wenn ich esse, dann esse ich."

Die Fragenden schauten etwas betreten in die Runde. Einer platzte heraus: „Bitte, treibe keinen Spott mit uns. Was du sagst, tun wir auch. Wir schlafen, essen und gehen. Aber wir sind nicht glücklich. Was ist also dein Geheimnis?"

Es kam die gleiche Antwort: „Wenn ich liege, dann liege ich. Wenn ich aufstehe, dann stehe ich auf. Wenn ich gehe, dann gehe ich, und wenn ich esse, dann esse ich."

Die Unruhe und den Unmut der Suchenden spürend fügte der Meister nach einer Weile hinzu: „Sicher liegt auch Ihr und Ihr geht auch und Ihr esst. Aber während Ihr liegt, denkt Ihr schon ans Aufstehen. Während Ihr aufsteht, überlegt Ihr, wohin Ihr geht und während Ihr geht, fragt Ihr Euch, was Ihr essen werdet. So sind eure Gedanken ständig woanders und nicht da, wo Ihr gerade seid. In dem Schnittpunkt zwischen Vergangenheit und Zukunft findet das eigentliche Leben statt. Lasst Euch auf diesen nicht messbaren Augenblick ganz ein und Ihr habt die Chance, wirklich glücklich und zufrieden zu sein."

Ich liebe diese Geschichte, weil sie so gut zeigt, dass wir oft zu viele Dinge gleichzeitig erledigen wollen. Dass wir uns darüber selbst vergessen und genau deshalb oft „gar nicht richtig da sind". Jeden Tag, jeden Moment denken wir daran, was wir schon erledigt haben oder was wir noch tun müssen. Und dabei versäumen wir, was wir gerade in diesem Moment tun.

Sicherlich ist unser Alltagsleben deutlich hektischer als das des Zenmeisters in der Geschichte. Wir sind beschäftigter und abgelenkter. Doch eine Sache fällt mir auch in Coachinggesprächen immer wieder auf: Viele Menschen denken darüber nach, wie großartig ihr Leben erst einmal verlaufen wird, wenn sie mehr Geld verdienen, abgenommen oder den richtigen Partner gefunden haben. Geht es Ihnen vielleicht auch so? Haben Sie oft den Gedanken, dass Sie bestimmt glücklicher wären, wenn dies oder jenes passiert?

Genau damit versäumen Sie viele Gelegenheiten, genau jetzt glücklich und dankbar zu sein.

! **SICH SELBST BEWUSST WERDEN**

Lernen Sie, sich auf sich selbst zu konzentrieren. Probieren Sie dazu die folgende Übung einmal aus:

Nehmen Sie sich ein paar Minuten Zeit für sich und Ihre Gedanken.

▶

Setzen Sie sich bequem auf einen Stuhl und atmen Sie ganz bewusst ein und aus.

Schließen Sie die Augen und konzentrieren Sie sich nur auf Ihren Körper. Wann haben Sie sich selbst das letzte Mal bewusst gespürt?

Spüren Sie durch Ihre einzelnen Körperteile: Wie fest stehen Ihre Füße auf dem Boden, wie fühlen sich die Beine an, die Knie, Ihr Po – eins nach dem anderen von unten nach oben bis zum Kopf und wieder zurück. Konzentrieren Sie sich für ein paar Minuten wirklich nur auf Ihren Körper und Ihr Empfinden. Spüren Sie Ihren eigenen Herzschlag und lauschen Sie dem Rhythmus.

Solange Sie es schaffen, sich – wenn auch nur für wenige Minuten – nur genau auf Ihren Körper zu konzentrieren, sind Sie absolut im Hier und Jetzt mit sich selbst.

Diese kleine Selbstwahrnehmung können Sie innerhalb von nur zwei bis drei Minuten an jedem Ort durchführen. Machen Sie sie täglich, um sich bewusst darüber zu werden, dass Sie existieren, Ihr Herz schlägt und Sie jetzt da sind.

Dankbar sein

Eine weitere gute Möglichkeit, sich dauerhaft mehr ins „Hier und Jetzt" zu begeben, ist diese Dankbarkeitsübung: Machen Sie sich eine schriftliche Liste mit Dingen, für die Sie dankbar sind.

Zum Beispiel:

- Ich bin dankbar dafür, dass ich gesund geboren wurde.
- Ich bin dankbar dafür, dass ich mir eine schöne Wohnung leisten kann.
- Ich bin dankbar dafür, dass ich hingehen kann, wohin ich möchte und so weiter.

Danken Sie aber auch für kleine Dinge wie zum Beispiel:

- Ich bin dankbar dafür, dass mich heute Morgen ein wildfremder Mensch nett angelächelt hat.

Erweitern Sie diese Liste regelmäßig – und Sie werden feststellen, dass Sie das „Heute" mehr genießen und spüren können, weil Sie das „Gestern" in Dankbarkeit abschließen.

Präsenter auftreten

Fangen Sie einfach an: Die Präsenz muss in Ihrem eigenen Kopf beginnen. Üben Sie ein paar Tage ganz bewusst. Ganz gleich, welchen Raum oder welche Situation Sie betreten – sei es ein Supermarkt, ein Bus, ein Büro oder ein Restaurant: Gehen Sie mit Ihren Gedanken ganz bewusst in diesen Raum, in diese Situation und denken Sie: Hier bin ich.

Richten Sie sich auf, straffen Sie Ihren Körper. Ein deutliches Zeichen von Präsenz ist eine gute, aufrechte Haltung, achten Sie also einige Tage bewusst auf Ihre Körperhaltung. Oft wenn wir gehetzt, in Eile, schlecht gelaunt oder schlichtweg ängstlich sind, bringt unsere Haltung unsere Stimmung – für uns unmerklich, doch für andere deutlich – zum Vorschein.

Selbstbewusste und präsente Menschen erkennt man sehr schnell an ihrer Haltung. Das Interessante ist, dass unser Körper selbst auch eine Art Erinnerungsvermögen hat: Wenn Sie sich schlecht fühlen oder ängstlich sind, dann hängen Ihre Schultern und Ihr Kopf eher nach unten. Ihr Köper weiß das und sendet entsprechende Signale an Ihr Gehirn. Versuchen Sie doch mal, die Worte „Mir geht's nicht gut" mit erhobenem Kopf und mit dem Blick nach rechts oben zu sagen. Sie werden sich völlig albern vorkommen, denn Ihr Körper registriert, dass da etwas nicht stimmt. Es ist wie Ja sagen und dabei mit dem Kopf schütteln ...

Den Körper sprechen lassen

Probieren Sie es einmal anders herum: Wenn Sie Ihre Körpersprache verändern, wird Ihr Gefühl sich anpassen. Ihre Gesichtsmuskeln zum Beispiel sind direkt mit Ihrem Gehirn verknüpft. Sobald diese Muskeln ein Lächeln formen, registriert Ihr Gehirn das, und es werden Hormone ausgeschüttet, die normalerweise ein „echtes" Lächeln begleiten: Glückshormone. Denn Ihr Gehirn registriert die Muskelbewegung und sorgt für die entsprechenden Begleitumstände. Auch wenn Sie selbst denken „So ein Quatsch, ich lächle ja gar nicht, weil ich glücklich bin, sondern ich lächle einfach nur" – Sie werden sich besser fühlen.

Eine Übung: Stehen Sie aufrecht: Stellen Sie sich vor einen Spiegel und schließen Sie die Augen. Stellen Sie sich vor, Sie stünden in einem Raum voller Menschen, zum Beispiel auf einer Party. Versetzen Sie sich in diese Situation und öffnen Sie die Augen. Wie stehen Sie da?

Könnten Sie ansprechender aussehen als jetzt? Wenn ja, wie? Nehmen Sie Ihre Schultern ein wenig nach hinten und strecken Sie Ihren Brustkorb etwas weiter heraus. Stellen Sie sich dann vor, Sie hätten einen 90-Grad-Winkel in Ihrer Wirbelsäule, der exakt auf Höhe Ihrer Nase den Knick macht: Schauen Sie sich geradeaus in die Augen. Nicht höher, denn das wirkt im wahrsten Sinne des Wortes „hochnäsig", also eher arrogant. Aber auch nicht viel tiefer, denn das wirkt unsicher.

Gehen Sie „selbst"-bewusst: Unser Gang wird immer von einem bestimmten Körperteil angeführt. Meist jedoch ist uns das gar nicht bewusst, es wirkt jedoch, als würde dieser Körperteil immer nach vorne gezogen: Menschen, die einen Raum zunächst mit Ihrem Brustkorb betreten, wirken zwar sehr präsent, aber gleichzeitig auch einnehmend bis aufdringlich. Führen Ihre Schultern Sie voran, so wirken Sie stets etwas besorgt oder beschützend. Führen Ihre Beine beziehungsweise Ihre Knie, wirkt es, als ob Sie irgendwohin gezogen würden, wohin der Rest von Ihnen gar nicht möchte. Ein ausgeglichener Gang, bei dem kein Körperteil nach vorne strebt und alle anderen hinterherzieht, wirkt harmonisch und ausgewogen. Eine gute Wirkung erzielen Männer wie Frauen gleichermaßen, wenn sie ihr Becken führen lassen.

Sie werden vermutlich einige Tage brauchen, bis Sie das verinnerlicht haben – doch es lohnt sich.

DER „WECK-SERVICE"   !

Ein kleiner Trick, der garantiert hilft: Wenn Sie ein Handy, einen Organizer oder einen Computer mit Kalenderfunktion besitzen, machen Sie sich für die erste Übungswoche mehrere kleine Termine am Tag, die plötzlich erscheinen und Sie „wecken", um Sie daran zu erinnern, worauf Sie achten möchten …

Also zum Beispiel:

08.50 Uhr
Sie betreten Büro, Frühstücksraum, Arbeitsstätte, Uni:
klingeling
Denk dran: Geh bewusst rein!

10.47 Uhr
Sie sind bei der Arbeit, in der Uni, beim Wäsche machen:
klingeling
Brust raus, Kopf hoch!

16.32 Uhr
Sie sind unterwegs.
klingeling
Welcher Körperteil führt meinen Gang?

3. Seien Sie aufmerksam und offen für Neues

„Der Mensch ist ein Gewohnheitstier." Diesen Spruch haben Sie sicherlich schon gehört – wenn nicht sogar bereits häufig verwendet, nicht wahr? Gewohnheiten sind wichtig. Unser Gehirn lernt ein Leben lang und merkt sich gewisse „Regeln", anhand derer jeder Mensch Situationen besser, schneller einschätzen und beurteilen kann. Stellen Sie sich nur mal vor, wie anstrengend es wäre, wenn Sie jedes Mal aufs Neue lernen müssten, was die Farben an der Ampel bedeuten. Schon früh hat man Ihnen beigebracht: Ist die Ampel grün, darf man gehen – bei rot muss man stehen. Das ließ sich ganz einfach merken und auch später übertragen, als Sie nicht mehr nur Fußgänger, sondern Rad- oder Autofahrer waren. Wenn wir etwas erleben, versucht unser Gehirn eine Verallgemeinerung zu diesen Erlebnissen zu finden, damit man in Zukunft eine „Regel" oder eine Art „Faustformel" hat, an die man sich halten kann.

Dieser Lernprozess beginnt bereits im Kindesalter. Sobald wir anfangen zu gehen und mit unserer Umwelt zu kommunizieren, „lernen" wir. Leider jedoch lernen wir auch oft Dinge, die sich in uns festsetzen und unserer Offenheit und Aufmerksamkeit abträglich sind.

Kommen Ihnen folgende Sätze irgendwie bekannt vor:

- Dafür bist du noch zu klein.
- Das darfst du nicht.
- Das darf man nicht anfassen.
- Benimm dich ordentlich.
- Lass das sein.
- Das tut man nicht.
- Red nicht dazwischen (wenn Erwachsene sich unterhalten).

Erziehung und ihre Folgen

Als kleine Kinder gehen, stolpern wir geradeaus vorwärts und denken, die Welt gehört uns. Doch nach und nach werden wir von unserer Umwelt – Eltern, Verwandten, Freunden, Lehrern, später Arbeitskollegen, Chefs, Professoren und so weiter – eines Besseren belehrt. Unser Spielraum wird kleiner und wir „lernen", was wir nicht dürfen, nicht können, niemals erreichen werden. Und wir gewöhnen uns daran.

Im Laufe der Zeit werden wir so Neuem gegenüber immer vorsichtiger. Wir haben uns an diese Ratschläge gewöhnt und sie uns zu eigen gemacht. Leider jedoch bewahren uns diese „Ratschläge" in uns häufig vor neuen Erfahrungen und fantastischen Möglichkeiten. Hinzu kommt: Nicht jeder Ratschlaggeber ist wirklich kompetent. Wer kann schon unabhängig beurteilen, wozu Sie wirklich in der Lage sind, welche Begabungen Sie vielleicht haben oder entwickeln können und so weiter.

Was von unseren „Erziehern" gedacht war als Schutz vor Ärger und Ablehnung, steht uns dann plötzlich im Weg, wenn wir diesen Ratschläge und Generalisierungen zu streng folgen.

Das Problem der Generalisierungen

In aller Regel genügen drei ähnliche Erlebnisse, um eine solche Generalisierung zu bilden.

Stellen Sie vor, Sie bereisen ein fremdes Land, zum Beispiel Spanien. Bereits am Flughafen werden Sie von einem gerade sehr mürrischen und hektischen Sicherheitsbeamten fast über den Haufen gerannt und unfreundlich behandelt. Bei der Autovermietung spricht niemand Deutsch oder Englisch, und es gibt Schwierigkeiten mit Ihrem Mietwagen, die Mitarbeiterin vor Ihnen ist wenig hilfsbereit.

Im Hotel treffen Sie auf einen lustlosen und unfreundlichen Mitarbeiter, der Ihnen noch dazu ein falsches Zimmer gibt. Wie schade! Ihr Aufenthalt steht unter denkbar schlechten Bedingungen, wenn Sie den „Regeln", die Ihr Gehirn jetzt festlegen möchte, Folge leisten: Sie werden nämlich versuchen zu generalisieren und glauben, Spanier seien unfreundliche, mürrische und wenig hilfsbereite Menschen. Automatisch werden Sie jedem weiteren Spanier, der Ihnen begegnet, diese Eigenschaften ebenfalls zuschreiben und ihn bereits im Vorfeld entsprechend behandeln. Der schöne alte Spruch „Wie es in den Wald hineinruft, so schallt es heraus" nimmt Gestalt an, denn die Menschen – egal wo – werden meist auf Sie so reagieren, wie Sie Ihnen entgegentreten. Sie werden auch nur wenig empfänglich sein für andere, bessere Erfahrungen, denn Ihr Gehirn ist regelrecht programmiert darauf, die „Regeln", die es für Sie erstellt hat, zu bestätigen. Wir sehen und erfahren stets das, was wir von vorneherein zu glauben wissen.

Warum ist das so?

Unser Gehirn arbeitet mit Bildern, wir können uns nicht etwas nicht vorstellen. Wenn ich Ihnen jetzt also sage, denken Sie mal bitte nicht an einen Elefanten. Stellen Sie sich auf keinen Fall vor, dass dieser Elefant nicht grau, sondern rosa ist. Und unter keinen Umständen dürfen Sie daran denken, dass dieser rosa Elefant eine rote Schleife am Schwanz trägt. Woran denken Sie? Sehen Sie!

Ein Bekannter erzählte mir neulich, dass er sich einmal mit dem Gedanken trug, ein ganz bestimmtes Auto in einer ganz bestimmten Farbe zu kaufen, weil es ihm gut gefiel und er glaubte, dass dieses Auto nicht so häufig auf den Straßen unterwegs ist. Er schaute sich auch ein paar Wagen an – und plötzlich fiel ihm überall in der Stadt dieser Wagen auf. Es war natürlich nicht immer derselbe, aber viele vom selben Typ. Er hatte das Gefühl, andauernd „seinem" Auto zu begegnen. Ich bin sicher, dass nicht alle

Besitzer dieses Wagentyps plötzlich beschlossen hatten, ihn zu verfolgen. Es fiel ihm nur viel deutlicher auf, weil er seine Aufmerksamkeit auf diesen Wagentyp gerichtet hatte.

Überprüfen Sie also Ihre Glaubenssätze – auch bezüglich der Erfahrungen, die Sie bisher beim Flirten gemacht haben. Wenn Sie glauben, dass niemand mit Ihnen flirten würde, dann werden Sie sich Ihren Mitmenschen entsprechend abweisend präsentieren. Wenn Sie glauben, dass die meisten Menschen mürrisch und unzugänglich sind, dann werden Sie auch genau diese Menschen verstärkt bemerken und andere weniger – im schlimmsten Falle gar nicht. Und Sie werden selbst ebenfalls mürrisch sein, denn warum sollten Sie freundlich sein, wenn die anderen es auch nicht sind?

Training für Flirteinsteiger

Um eine Chance für einen Flirt überhaupt erkennen zu können, müssen Sie aufmerksam und offen für neue Erfahrungen sein.

Tipp 1: Trainieren Sie Ihre Aufmerksamkeit

Finden Sie, alleine in einem Café, einer Bar oder einer Kneipe zu sitzen, sei langweilig? Mitnichten! Gehen Sie alleine aus und nutzen Sie die Chance, Ihre Aufmerksamkeit zu schulen. Wenn Sie sich dabei blöd vorkommen, nehmen Sie ein Buch oder eine Zeitschrift mit – aber nutzen Sie diese nur als Vorwand. Schauen Sie sich um und beobachten Sie andere Menschen:

- Wer wirkt auf Sie selbstbewusst und wer nicht?
- An welchen Anhaltspunkten machen Sie das fest?
- Wer wirkt zufrieden mit sich, wer glücklich, wer gehetzt, unentspannt und so weiter und so fort.

Beobachten Sie Paare und versuchen Sie einzuschätzen, ob und wie lange diese Menschen bereits zusammen sind oder wie gut sie sich kennen. Sind es vielleicht nur Arbeitskollegen oder doch eher gute Freunde?

Was sagt die Kleidung von Menschen über sie aus? Welche beruflichen Tätigkeiten würden Sie jemandem zuschreiben, und woran glauben Sie das zu erkennen?

Wenn es unauffällig möglich ist, belauschen Sie auch ruhig mal Gespräche am Nachbartisch und überlegen Sie, wie Sie reagiert hätten, wären Sie einer der Gesprächspartner. Wenn Sie geübt sind im Zuhören und Erkennen von Pausen und Stichwörtern, wird es Ihnen leichter fallen, sich in ein Gespräch einzubringen. Beobachten Sie die Körpersprache Ihrer Mitmenschen genauer und wie sie sich im Zusammenspiel mit anderen verändert.

Schärfen Sie Ihre Sinne, werden Sie aufmerksam – das bringt Ihnen Vorteile, die Sie zu einem besseren Flirter machen werden.

Tipp 2: Trainieren Sie sich Blickkontakt an

Nehmen Sie sich vor, mit so vielen Menschen wie möglich Blickkontakt aufzunehmen. Setzen Sie sich vielleicht zu Beginn ein Ziel von mindestens drei Blickkontakten pro Tag und stecken Sie Ihr Ziel täglich höher. Wenn Sie jemanden sehen, der Ihnen gefällt, sollten Sie erst recht Blickkontakt aufbauen. Machen Sie sich klar, dass es zunächst um nichts weiter geht. Nur Blickkontakte. Sie können einfach weitergehen – aber machen Sie es zu Ihrer Gewohnheit, Menschen, die Ihnen gefallen, in die Augen zu schauen.

Mit diesen einfachen kleinen Übungen wird Ihre Aufmerksamkeit schon innerhalb weniger Tage deutlich steigen. Und Sie werden mehr Chancen wahrnehmen, aber auch selbst schaffen, denn Ihre Umwelt wird Ihre Aufmerksamkeit bemerken und sich dafür interessieren. Jeden Tag ein Stückchen mehr.

Seien Sie offen für Neues und für Überraschungen. Jeder Mensch hat eine Geschichte und das Potenzial, Ihren Tag zu verbessern, Ihr Leben interessanter zu gestalten oder Ihnen eine Anregung für etwas zu geben. Sie müssen nur Ihr Interesse signalisieren.

Sie begegnen tagtäglich Dutzenden vielleicht sogar Hunderten von Menschen – im Zug, in Läden, auf Partys, in Kneipen, bei der Arbeit, auf der Straße. Warum lächeln wir nicht jeden Menschen an und reden unverbindlich ein paar Worte? Weil die anderen Menschen „Fremde" sind –

doch Fremde sind auch Menschen. Freunde, Bekannte und Partner gewinnt man, indem man aus Fremden Bekannte macht.

Tipp 3: Trainieren Sie Ihre Neugier

Vielleicht arbeiten Sie in einer größeren Firma oder Sie treffen in Ihrem Umfeld häufig dieselben Leute. Mit wie vielen dieser Menschen haben Sie bereits schon mal gesprochen? Was wissen Sie über sie?

In meinen Trainings wundere ich mich oft, wie schnell die Teilnehmer etwas übereinander herausfinden und wie sympathisch sich viele plötzlich gegenseitig werden, wenn ich die Aufgabe gebe, in fünf Minuten herauszufinden, welche Gemeinsamkeiten man mit jeweils einem anderen Teilnehmer hat.

In einem Training stellten einmal zwei Teilnehmer fest, dass sie trotz fast 20 Jahren Altersunterschied und ganz verschiedenen Wohnorten heute in ihrer Kindheit in derselben Gegend wohnten, dieselbe Schule besuchten und auch dieselbe Klassenlehrerin hatten. Weiß der Himmel, wie sie das in so kurzer Zeit herausgefunden hatten – aber danach war für reichlich Gesprächsstoff gesorgt und die beiden verstanden sich über den ganzen Kurs hinweg blendend und hatten viel Spaß miteinander.

Ähnlichkeit schafft Sympathie – und diese Ähnlichkeiten und Gemeinsamkeiten herauszufinden, macht Spaß und ist auch eine gute Methode, um sich nicht mehr von

Schüchternheit einschüchtern zu lassen: Sie haben mit jedem Menschen irgendetwas gemeinsam. Finden Sie einfach heraus, was das ist.

4. Werden Sie unabhängig von der Meinung anderer

Gerade das Phänomen der Schüchternheit ist die übersteigerte Angst vor schlechter Beurteilung durch andere. „Was denkt der oder die denn über mich, wenn ich jetzt dies oder jenes tue?" Und vor lauter Angst, „das Falsche" zu tun, machen Sie am Ende gar nichts und nehmen damit sich und anderen die Chance, ein bisschen Spaß zu haben.

In unserer Kultur und Gesellschaft lernen wir von dem Moment an, in dem wir beginnen zu kommunizieren, dass die Meinung anderer sehr wichtig ist:

- „Dass du dich auch ja ordentlich benimmst."
- „Wir wollen doch einen guten Eindruck machen."
- „Was sollen denn die Leute denken."

Von unseren Eltern, Lehrern, Nachbarn, Mitmenschen lernen wir beständig die Angst davor, andere Menschen mit unserem Verhalten vor den Kopf zu stoßen. Während wir erwachsen werden, versuchen wir mehr und mehr, peinliche oder unangenehme Situationen und Ablehnung zu vermeiden. Wir werden zu regelrechten Vermeidern. Das führt jedoch leider auch dazu, dass uns häufig der Mut fehlt, etwas mehr von uns selbst zu zeigen.

Leben ohne Druck

Die Angst vor dem Versagen wird damit oftmals auch der Grund für das Versagen. Können Sie unabhängiger sein von der Meinung anderer, sodass Sie nicht mehr unter dem Druck stehen, alles „richtig" machen zu müssen, werden Sie befreiter, lockerer, mehr Sie selbst sein, anstatt die ganze Zeit darüber nachzudenken, was andere vielleicht gut finden.

Ich möchte Ihnen in diesem Zusammenhang eine kleine Geschichte erzählen:

Es war einmal ein kleiner Junge, der kurz nach dem Zweiten Weltkrieg in einer kleinen Stadt in Nordrhein-Westfalen geboren wurde. Als er zwölf Jahre alt war, verlor er beide Eltern und lebte von da an bei seiner Tante. Der Junge liebte nichts mehr als Fußball, doch leider hatte er nicht viel Talent. Viele andere aus seiner Jugendmannschaft waren viel besser als er. Aber er hatte ein Ziel: Er wollte Profi-Fußballer werden. Viele Leute lachten ihn dafür aus, doch daraus macht er sich nichts – im Gegenteil: Es ließ ihn nur noch mehr trainieren und noch härter an sich arbeiten. Er gab nicht viel auf die Meinung seiner Klassenkameraden und Freunde, Trainer und Lehrer. Mit 19 begann er, für „seinen" Verein Borussia Mönchengladbach zu spielen. Insgesamt bestritt er für diesen Verein 419 Bundesligaspiele, so viele wie niemand bisher. Er war elf Jahre lang Mitglied der deutschen Fußballnationalmannschaft und trainierte später die Nationalmannschaften von Deutschland, Kuwait und Schottland. Wer hätte gedacht, dass Berti Vogts einmal einen Platz in einem Buch über das Flirten bekäme. Aber er ist ein gutes Beispiel dafür, was passieren kann, wenn man nicht zu viel auf die Meinung anderer gibt, sondern davon überzeugt ist, etwas erreichen zu können und verdient zu haben.

Flirten ist eigentlich auch ein bisschen wie Fußball: Es gibt eine Menge „Einzeldisziplinen", in denen man Stärken und Schwächen haben kann. Wenn man sich mit den Herausforderungen vertraut macht und sie trainiert, wird man besser und besser.

Ihre Sichtweise und Ihr Glaube sind die Antriebskraft hinter Ihren Handlungen. Werden Sie von positiven, motivierenden Überzeugungen angetrieben, die Ihnen Kraft geben, können Sie viel mehr erreichen und werden sich wohler fühlen als von Anschauungen, die negativ, mutlos oder gar selbstverachtend sind und Sie damit bremsen. Sie selbst jedoch können glücklicherweise bestimmen, was Sie glauben und wovon Sie sich überzeugen möchten. Viele erfolgreiche Sportler zum Beispiel profitieren davon, Kraft spendende Gedanken anzunehmen, sich selbst motivierende Worte zu sagen, sich zu loben, kurz: sich selbst davon zu überzeugen, dass sie gut sind.

ÄNGSTE ÜBERWINDEN !

Stellen und beantworten Sie sich doch einmal die folgenden Fragen:

- Wovor haben Sie Angst im Umgang mit anderen?
- Was wäre das Schlimmste, was Ihnen zum Beispiel in einer Flirtsituation passieren könnte?

Dann fragen Sie sich: Was würde denn dann mit Ihnen geschehen?

Damit meine ich nicht, wie Sie sich fühlen, sondern was tatsächlich mit Ihnen passiert. Ist Ihr Leben in Gefahr? Vermutlich nicht.

Prüfen Sie nach, welche Ihrer Überzeugungen tatsächlich Ihre eigenen sind und welche Sie sich vielleicht von anderen haben einreden lassen.

Machen Sie sich klar, dass jede Meinung, die Ihnen von anderen mitgeteilt wird, nur zu einem Teil auf Ihr Verhalten oder Ihre Ansichten begründet ist. Ein viel größerer Teil entsteht aus den Erfahrungen und Ängsten des Meinungsgebers.

Ein Teilnehmer eines Flirttrainings erzählte einmal, dass eine Freundin von ihm auf der Kölner Domplatte von einem Mann angesprochen wurde. Sie unterhielten sich einen Moment und waren sich so sympathisch, dass die Dame der Einladung des Herrn zu einem Kaffee folgte und daraus tatsächlich eine Beziehung entstand. Leider jedoch hielt diese Beziehung nicht sehr lange. Und es war wieder ausgerechnet die Domplatte, auf der der Mann ihr sagte, dass er doch nicht so richtig in sie verliebt sei und außerdem ja auch noch „was anderes am Laufen" hätte und sie damit regelrecht „abservierte".

Was glauben Sie, würde diese Frau Ihnen raten?

„Lassen Sie sich nicht von jemandem auf der Kölner Domplatte ansprechen!"

Vorsicht vor selbst ernannten Experten

Häufig sind die Ratschläge anderer Menschen geprägt von ihren eigenen Erfahrungen und Ängsten. Darüber hinaus jedoch spielt bei Menschen in Ihrem Umfeld auch die Beziehung zwischen Ihnen beiden eine Rolle: Eine Freundin, die selbst Single ist (und damit heilfroh, dass Sie es auch sind, sodass sie damit nicht alleine ist und jemanden zum Ausgehen und Reden hat), hat eventuell kein großes Interesse daran, dass Sie Ihren Traumpartner kennenlernen. Neid, Eifersucht, Angst vor dem Verlust der Person spielen eine große Rolle bei „guten Ratschlägen", dies oder jenes doch besser zu lassen.

Von Freunden und Bekannten kenne ich den Satzbeginn: „Ich an deiner Stelle ...". Ich habe im Laufe der Jahre gelernt, diesen Satz nicht mehr persönlich zu nehmen und sage stets: „Ja, du hast recht, wenn du an meiner Stelle wärest, wäre das für dich bestimmt genau der richtige Weg." Und dann mache ich mir Gedanken darüber, was **ich** jetzt tun möchte.

Als ich meinen Ehemann kennenlernte, wurde dieses Phänomen überdeutlich: Es war schon nahezu Liebe auf den ersten Blick und wir spürten, dass wir im Gleichklang waren, dasselbe wollten, alles wollten. Schon nach wenigen Wochen bekam ich einen Heiratsantrag, den ich überglücklich annahm. Was dann passierte, war wirklich interessant: Alle Menschen in unserem Umkreis, die in glücklichen Beziehungen waren, freuten sich mit und für uns, weil wir uns gefunden hatten. All die, die gerade in einer scheiternden Beziehung steckten, verletzt worden waren oder nicht mehr an die Liebe glaubten, warnten uns, erklärten uns für verrückt und meinten, wir sollten doch nichts überstürzen. Obwohl wir allen dieselbe Geschichte erzählten.

Machen Sie sich also klar, dass die Meinung anderer zwar interessant ist – aber kein Maßstab für Ihr persönliches Handeln sein muss.

Im Gegenteil: Wie würden Sie wirken, wenn Sie versuchten, es jedem Recht zu machen? Ich selbst schätze in meinem Freundes- und Bekanntenkreis gerade die Menschen, die auch mal anderer Meinung sind als ich. Zum einen, weil ich daraus vielleicht auch für mich eine neue Sichtweise gewinnen kann, zum anderen, weil ich daran erkennen kann, dass dieser Mensch einen Standpunkt hat und mir nicht nur „nach dem Mund redet".

Trauen Sie sich selbst

Seinen Standpunkt zu vertreten, sich mitzuteilen und auch sich zu trauen, eine Meinung zwar gelten zu lassen, aber nicht anzunehmen, ist ein Zeichen von Selbstvertrauen, für das andere Menschen Sie respektieren werden, selbst wenn sie anderer Meinung sind. Je mehr wir tun, um von anderen nicht abgelehnt zu werden, umso weniger Respekt erhalten wir dafür, wirken unauthentisch, langweilig und uninteressant.

Kennen Sie diese Verallgemeinerungssätze wie:

- „Das ist doch immer so."
- „Das passiert jedes Mal."
- „Das hätte ich dir gleich sagen können."
- „Das ist halt so …"

Was glauben Sie, was passiert, wenn Sie die Menschen, die so etwas sagen, mal fragen würden: „Woher weißt du das?" oder „Ist das wirklich so?" Ich möchte Sie damit nicht ermuntern, jetzt ab sofort alle Aussagen Ihrer Mitmenschen infrage zu stellen und Streit zu suchen. Aber trauen Sie sich doch mal, die Meinung von anderen zu hinterfragen. Sie werden erstaunt sein, was passiert. Und Sie werden merken, dass alles, was andere über Sie und zu Ihnen sagen, keinesfalls in Marmor gemeißelt und häufig nicht so ernst zu nehmen ist, wie Sie bisher dachten.

Die größten Erfindungen der Menschheit wurden gemacht, weil Menschen sich trauten, etwas zu probieren, von dem die meisten anderen dachten, dass es nicht möglich sei. Wenn Sie also bisher dachten, es sei nicht möglich, einen fremden Menschen einfach so auf der Straße anzusprechen: Was macht Sie so sicher, dass Sie damit recht haben?

In einem meiner Trainings war einmal ein Teilnehmer, der sagte, er könne doch nicht einfach wildfremde Menschen einfach anlächeln – die würden ihn doch vielleicht für verrückt halten. Sind Sie seiner Meinung?

5. Seien Sie selbst für Ihr Glück verantwortlich

Viele Menschen in meinen Trainings klagen darüber, dass sie zwar auf Menschen zugehen können, aber die Gespräche häufig „im Sande" verlaufen, da sie nicht wissen, worüber sie sprechen oder wie sie ihr Gegenüber für sich gewinnen können.

Was möchten Sie denn wissen von der anderen Person? Was gibt es für diese Person über Sie zu wissen? Was würde Sie dazu bringen, von der anderen Person begeistert zu sein?

Ich hatte einmal einen Coachingklienten, der – obwohl er sehr attraktiv war und einen guten, sicheren Job hatte – unglaublich unsicher war und sich nicht traute, auf Frauen zuzugehen. Wir versuchten also zunächst herauszufinden, wo die Ursache für diese Angst lag. Ich fragte ihn, was er denn so in seinem Leben macht. Alleine das Coachinggespräch mit ihm war so langweilig, dass ich dabei fast eingeschlafen wäre. Wie sollte es erst einer Frau gehen, die sich in einer Flirtsituation mit ihm unterhielt?

Ihm war immer wieder dasselbe passiert: Er lernte über Bekannte, Arbeitskollegen oder über das Internet nette Frauen kennen, die nach ein paar Wochen das Interesse an ihm verloren und sich jemandem zuwandten, der etwas zu bieten hatte. Zumindest irgendetwas!

Es ist eigentlich gar nicht so schwer, andere Menschen zu erobern. Der Trick ist, sie längerfristig dadurch zu begeistern, dass Sie selbst sich für etwas begeistern können, ein Leben haben.

Verschiedene Studien haben sich in den letzten Jahren damit befasst, was einen Menschen attraktiv macht und wonach wir einen Partner wählen. Ein verblüffendes Ergebnis, das sich in mehreren Studien zeigte war, dass weder Aussehen, noch Intelligenz, Geld oder Status ganz vorne liegen, sondern in wie weit jemand in der Lage ist, Lebensfreude und Heiterkeit auszustrahlen. Geht es um eine Partnerschaft, suchen wir Menschen vor allem eins: Jemanden mit dem wir lachen können und der humorvoll, aufgeschlossen und freundlich ist und dem Leben positiv begegnet.

Sie müssen kein Rockstar sein – aber was glauben Sie, wie Menschen auf Sie reagieren werden, wenn Sie über etwas sprechen können, für das Sie eine Leidenschaft haben? Dabei ist es egal, wofür. Das „Warum" zählt.

Auch Briefmarken können spannend sein!

Ich hatte einmal einen Arbeitskollegen, von dem ich erfuhr, dass er – mit immerhin Mitte 30 – Briefmarken sammelte. Ich war erstaunt, denn Briefmarken zu sammeln war für mich so ziemlich das Langweiligste, was ich mir vorstellen konnte. Ich fragte ihn, warum er denn Briefmarken sammle und was ihm daran so gefalle. Daraufhin erzählte er mir, dass es ganz unterschiedliche Arten gäbe, Briefmarken zu sammeln, und worin für ihn die Faszination bestehe, genau dem hinterzujagen, was er sammle. Ich muss zugeben, das hat mich sehr beeindruckt. Es hat mich noch lange nicht zum Briefmarkensammler gemacht, aber die Leidenschaft, mit der er dieser Sache nachging und die Gründe, die er dafür hatte, waren interessant. Ich hätte nie gedacht, dass ein so zunächst langweilig wirkendes Thema so spannend sein könnte.

Menschen finden Menschen attraktiv, die glücklich sind – und sei es durch Briefmarken sammeln. Begeisterung ist ansteckend, und Ihre Begeisterung für ein Thema, eine Sache, ein Ziel, eine Aufgabe oder einen Traum – selbst wenn es nur ein Traum bleiben sollte – kann andere Menschen für Sie begeistern.

Es geht dabei nicht darum, was Sie tun oder was Sie begeistert, sondern darum, dass Sie anderen das Gefühl vermitteln können, dass Sie etwas tun, dass Sie wichtig finden und glücklich macht. Und darin liegt der Schlüssel: Es ist nicht die Aufgabe eines zukünftigen Partners, Sie glücklich zu machen. Es geht nicht darum, reich zu sein oder berühmt. Es geht darum, etwas zu tun, das Ihre Augen zum Leuchten bringt, denn das wird bei Ihrem Gegenüber ankommen und dessen Augen zum Leuchten bringen.

Wenn Sie in Ihrem Leben etwas erleben, das Spaß macht, das Sie glücklich macht oder das vielleicht sogar aufregend ist, dann werden Sie in jedem Flirtgespräch genug Stoff haben, um eine schöne und aufregende Atmosphäre zu gestalten.

Und ein weiterer sehr wichtiger Aspekt ist: Wenn Sie Ihr Leben selbst interessant und aufregend gestalten, werden Sie nicht auf einen Partner warten müssen, der das für Sie tut. Sie werden weniger bedürftig sein, und das werden Sie auch ausstrahlen.

ÜBUNG: FINDEN SIE IHRE BEGEISTERUNG

Hier ist eine kleine Übung, um erst einmal einen Anfang zu finden: Beschäftigen Sie sich einmal mit Dingen, die in Ihnen Begeisterung wecken könnten:

- Wofür können Sie sich begeistern?
- Was würden Sie aufregend finden?
- Haben Sie Träume?
- Welches Abenteuer würden Sie gerne mal erleben?

- Was würden Sie Unvernünftiges tun, wenn Sie zehn Millionen Euro im Lotto gewinnen?
- Was würden Sie gerne noch mal lernen oder können?
- Welches Land würden Sie gerne bereisen?
- Welchen Beruf würden Sie gerne ausüben, wenn Sie davon leben könnten?

Kommen Sie Ihren Träumen und Ihrer Begeisterung näher, dann werden Sie immer genug Gesprächsthemen haben und damit – und sei es als normaler Gesprächspartner – attraktiver für andere sein.

Auf jedes Töpfchen ...

Fast zufällig habe ich einmal in einem Flirttraining einem schon etwas älteren Teilnehmer den Schlüssel für die Lösung seiner eigenen Blockade in die Hand gegeben: Der Herr war inzwischen Mitte 50 und hatte seit über zehn Jahren an der Erfüllung eines Traums gearbeitet: Vor 60 in Rente zu gehen, sich ein schönes Segelboot zu kaufen und damit die Weltmeere zu besegeln. Dann fiel ihm allerdings auf, dass das alleine gar nicht so viel Spaß machen würde, sondern dass es viel schöner wäre, wenn ihn eine Frau – seine Frau – begleiten würde. Selbstverständlich kannte er aber noch gar keine, sonst hätte er nicht mein Seminar besucht. Mit dem Kennenlernen jedoch hatte er ein Problem, denn einerseits wollte er natürlich eine Frau finden, die dazu bereit war, in ein paar Jahren mit ihm in See zu stechen. Andererseits wollte er jedoch lieber keiner Frau sagen, dass er ein teures Boot besaß, da er nicht wollte, dass die Frau sich nur auf ihn einlässt, weil sie durch eine Partnerschaft mit ihm günstig an eine Weltumsegelung käme.

So ein Segelboot könne doch ganz schön eng werden, meinte ich. Und keine Frau der Welt würde über einige Jahre hinweg mit ihm um die Welt segeln, wenn der Bootsbesitzer ihr nicht gefiele. Jedoch wäre dieser Traum vom Segeln etwas, dass so viel über ihn und seine Persönlichkeit aussage, dass eine Frau sich in ihn verlieben würde, weil er ein Mensch ist, der in der Lage sei, solche Träume zu haben und dann auch noch zu realisieren. Das wiederum würde jedoch nur der passenden Frau so gehen. Eine, die am liebsten ihre Ruhe hätte und samstags im Blumenbeet wühlen möge, würde sich davon doch ohnehin nicht angesprochen fühlen.

Ihr neues, flirtiges Selbst

Mit den fünf Grundlagen
1. Sich selbst akzeptieren, wie Sie sind
2. Im Hier und Jetzt präsent sein
3. Aufmerksam und offen für Neues werden
4. Unabhängig von der Meinung anderer sein
5. Selbst für das eigene Glück verantwortlich sein
sind Sie schon ein ganzes Stück weiter, denn Sie können entspannter und offener Ihre Chancen erkennen. Der

Grundstein für einen Flirt ist gelegt – den Anfang macht: der erste Eindruck.

Der erste Eindruck

Der erste Eindruck, den zwei Menschen voneinander bekommen, entscheidet in aller Regel darüber, ob es überhaupt zu einem zweiten Eindruck und damit zur Möglichkeit für einen Flirt kommt.

Machen Sie sich bewusst, dass der erste Eindruck, den Sie bei anderen machen, zum einen von Ihrer Einstellung und Ihrem entsprechenden Verhalten und auch Ihrem Äußeren, zu großen Teilen jedoch auch von der Stimmung und Einstellung des anderen abhängt. Wer nun mal unbedingt nur Erdbeerkuchen mag, der kann sich auch für den schönsten Schokoladenkuchen nicht begeistern. „Du ahnst ja nicht, was dir alles entgeht", ist die einzige Antwort, die Sie sich dazu denken sollten.

Denken Sie daran, dass Sie eine Ausstrahlung besitzen. Wenn Sie schlecht gelaunt sind, gereizt oder ängstlich, dann sieht, spürt und hört man dies sofort: Auch wenn Sie selbst es gar nicht so sehr wahrnehmen, das Gegenüber tut es auf jeden Fall (wenn nicht bewusst – dann unbewusst). Ebenso wenn wir glücklich, fröhlich oder neugierig sind!

Tun Sie also möglichst viel dafür, Spaß zu haben, sich wohlzufühlen, fröhlich zu sein. Je „verzweifelter" Sie einen Partner suchen, desto unwahrscheinlicher wird es, dass Sie einen finden: Stress, Druck, Enttäuschung, Verzweiflung,

Einsamkeit werden von anderen Menschen wahrgenommen und machen Sie unattraktiv.

Seien Sie freundlich zu sich

Achten Sie in Zukunft darauf, dass Sie gut mit sich umgehen. Natürlich wünschen wir alle uns einen liebevollen Partner. Machen Sie sich jedoch klar, dass es nur einen Menschen auf der Welt gibt, der immer für Sie da sein wird, der Sie immer an all seinen Gedanken teilhaben lassen wird und der Ihnen auch ganz bestimmt nie etwas vormacht: Das sind Sie selbst.

Wie reden Sie eigentlich mit sich? Wie gehen Sie mich sich um, wenn Sie ein Ziel erreicht oder etwas falsch gemacht haben? Würden Sie mit anderen auch so reden, wie Sie mit sich selbst reden? Wenn nicht, dann ändern Sie das schnellstens – im besten Falle natürlich, sind Sie zu sich selbst nicht härter und unfreundlicher als Sie zu anderen wären.

Lernen Sie, sich selbst auch den einen oder anderen Patzer, den einen oder anderen Makel zu verzeihen. Kein Mensch ist perfekt – doch da wir alle unperfekt sind, ist jeder wiederum genau so richtig, wie er ist.

Denken Sie auch mal über Äußerlichkeiten nach

Was sagt Ihre Kleidung, Ihre Frisur, Ihr ganzes Auftreten über Sie aus? Passt das, was man sehen kann, zu dem, was sich zu entdecken lohnen soll?

Natürlich möchten wir am liebsten um unserer Selbst willen und unserer inneren Werte geliebt werden. Doch die sieht man uns nicht an der Nasenspitze an.

Stellen Sie sich ein Produkt vor, zum Beispiel ein wundervolles, hochwertiges Massageöl. Verpacken Sie dieses Massageöl in einer langweiligen Plastikflasche, packen Sie diese in einen braunen Karton und schreiben Sie „Massageöl" drauf. Wie viel, glauben Sie, werden Sie auf diese Art und Weise verkaufen? Vor allem, wenn Sie den Preis verlangen, den das kostbare Öl wert ist?

Nein, vermutlich werden Sie damit wenig erfolgreich sein. Denken Sie sich jedoch einen wohlklingenden Namen aus, schreiben etwas über die kostbaren Inhaltsstoffe auf einen Karton in schönen, warmen Farben und füllen Sie das Öl in eine hübsch geformte Glasflasche, in der es golden leuchtet, wenn man die Flasche ans Licht hält, dann macht das doch viel eher Lust, das Produkt zu kaufen, nicht wahr?

Sie selbst können also auch etwas dafür tun: Entwickeln und verfolgen Sie zum Beispiel einen eigenen Stil, mit dem Sie durch Ihre Kleidung unterstreichen, wofür Sie stehen möchten. Verkleiden Sie sich nicht – es geht nicht darum, einem modischen Stereotyp zu entsprechen, sondern mehr von Ihrem besten Selbst zu zeigen. Wenn Sie selbst unsicher sind, was Sie tragen können und was zu Ihnen passt, lohnt sich die Investition in eine Typ- und Stilberatung. So eine Beratung kostet zwar in der Regel zwischen 150 und 400 Euro, doch dieser meist einmalige Aufwand lohnt sich, denn Sie werden danach wissen, wie Sie für alle Zeiten so wirken, wie Sie es möchten, und was Ihnen gut steht. Dieses Wissen bewahrt Sie zukünftig vor Fehlkäufen und auch vor Fehleinschätzungen durch potenzielle Flirtpartner – und das ist letztlich fast unbezahlbar.

Oft ist uns gar nicht bewusst, welche Assoziationen Kleidungsstücke oder Accessoires, die wir ganz selbstverständlich tragen, bei anderen auslösen können. Ein Trainingsteilnehmer zum Beispiel trug am ersten Tag eine (sehr praktische) schwarze Lederweste mit vielen Taschen (in denen er bequem seine Zigaretten, Geld, Schlüssel etc. unterbringen konnte.) Er war jedoch sehr verwundert, dass er beim Feedback zu einem ersten Eindruck über ihn häufig als berufliche Richtung „Taxifahrer" bekam, denn er war Webdesigner. Er hatte sich bisher nicht besonders viele Gedanken über sein Äußeres gemacht. Er meinte, er sein ohnehin „kein modischer Typ". Und er trug diese Weste nur, weil er sie einfach praktisch fand. Dass er damit in eine Schublade gesteckt wurde, die ihm gar nicht entsprach, war ihm nicht bewusst. Er bat mich danach um eine Shoppingbegleitung und staunte nicht schlecht, wie gut er aussah in einem schönen, längs gestreiften Hemd, das zur Farbe seiner Augen passte und seinen kleinen Bauchansatz perfekt kaschierte.

Natürlich müssen Sie es nicht übertreiben, Sie sollen ja nicht Anwärter auf „Germany's Next Topmodel" werden. Doch ein kritischer Blick in den Spiegel und in den eigenen

Kleiderschrank kann nicht schaden. Auch wenn es bedeutet, die eine oder andere Investition ins Outfit zu tätigen. Sie werden sich selbst wohler fühlen und damit ansprechender auf andere wirken – das nimmt ihnen schon ein Stück des Weges zum Flirt ab ...

Nicht jeder ist ein „Ladykiller"

Bei aller „Arbeit am eigenen Selbst" ist ein Punkt jedoch der wichtigste: Bleiben Sie authentisch.

Nichts ist weniger sexy als ein Mensch, dem man anmerkt, dass er es unbedingt sein will. Unbedingt toll, unbedingt sexy, unbedingt kontaktfreudig. Lassen Sie es langsam angehen. Nicht jeder Mann ist nach drei Wochen gleich ein „Ladykiller" und nicht jede Frau ist dazu geschaffen, die Männer reihenweise um den kleinen Finger zu wickeln. Ich habe in meinem Leben schon viele Menschen getroffen, die davon überzeugt waren, ein unglaublich tolles Auftreten zu haben. Leider verflüchtigte sich dieser erste Eindruck bei näherer Begutachtung sehr häufig.

Manchmal sind es gerade die etwas „leiseren" Menschen oder „Töne", die die richtigen Personen zum Schwingen bringen.

Ein Mensch, der wirklich toll ist, weil er sich seiner Werte und Stärken bewusst ist, der muss das nicht jedem erzählen: Er kann darauf vertrauen, dass die richtigen Menschen es erkennen werden, wenn er es ausstrahlt. Achten Sie also darauf, dass Sie sich mit Ihrer Entwicklung wohlfühlen und diese Entwicklung Ihr komplettes Leben betrifft und nicht nur dann in Erscheinung tritt, wenn Sie abends in die Kneipe gehen oder gerade „jemanden kennenlernen" möchten.

Es ist durchaus möglich, dass Ihr neues, „flirtigeres" Selbst von Ihren Freunden, Bekannten und Kollegen mit Irritation bedacht wird, schließlich hat man sich ja an Sie gewöhnt, wie Sie waren. Menschen hassen Veränderungen, vor allem wenn sie sie nicht selbst beeinflussen können. Lassen Sie sich davon nicht beirren, sondern begegnen Sie Ihrem Umfeld mit Freundlichkeit und einem verschmitzten Lächeln auf den Lippen. Es ist nie zu spät, Dinge heute anders zu machen als gestern.

Es ist übrigens ebenso möglich, dass sich Ihre gewohnte Umwelt nach (vielleicht) anfänglicher Irritation beginnt zu verändern.

Übung macht den Meister

Aller Anfang ist schwer – auch beim Flirten. Doch im Grunde, ist nichts so schwer, wie es zunächst aussieht. Flirten kann man lernen. Im Grunde ist es ganz leicht. Ein Lernprozess läuft meist wie folgt ab:

Können Sie Fahrrad fahren? Prima, dann verfügen Sie über „unbewusste Kompetenz": Sie denken nicht (mehr) darüber nach, wie Sie auf das Rad aufsteigen, wie Sie die Balance halten, was Sie beim Bremsen tun müssen, richtig? Sie tun es einfach. Wie kommt das?

Nun, wenn wir etwas lernen, dann passiert das in der Regel in vier Stufen: Am Anfang steht die unbewusste Inkompetenz. Das bedeutet, dass Sie im Grunde nicht wissen, was Sie nicht wissen oder nicht können.

In der nächsten Stufe folgt die „bewusste Inkompetenz", mit anderen Worten: Sie stellen fest, dass Sie etwas nicht können oder wissen. Möchten Sie diese Inkompetenz beseitigen, beginnt der aktive Lernprozess: Sie eignen sich Wissen und Fähigkeiten an und üben so lange, bis Sie den Zustand der bewussten Kompetenz erreicht haben. Sie wissen, wie Sie etwas tun und wie Sie das erreichen können. Wirklich gut werden Sie jedoch erst, wenn Sie den Zustand der unbewussten Kompetenz erreicht haben.

ÜBUNG: ROLLENSPIEL FÜR ANFÄNGER

Wenn Sie das Gefühl haben, nicht authentisch zu wirken, hat sich folgende kleine Übung bewährt: Schreiben Sie sich selbst eine Art „Rolle" und spielen Sie diese. In Ihrem Stück haben Sie die Hauptrolle – spielen Sie sich selbst also so, wie Sie gerne wären. Bauen Sie die Rolle nach und nach aus. Sie wären gerne etwas mutiger? Dann tun Sie für eine Weile so, als wären Sie etwas couragierter. Fragen Sie sich: Wie würde ich mich jetzt verhalten, wenn ich draufgängerischer wäre? Finden Sie allmählich in Ihre Rolle hinein. Gehen Sie dabei langsam vor, Sie müssen sich nicht überfordern.

Mit dem Flirten ist es ganz genau so! Wahrscheinlich werden Sie am Anfang noch nicht sicher sein – das macht nichts. Aber genau wie beim Rad fahren werden Sie mit jeder „Runde" etwas sicherer, Sie bekommen mehr Übung und mehr Feedback anhand dessen Sie Ihr Auftreten und Ihre Fähigkeiten verbessern können, bis es irgendwann zu Ihrer unbewussten Kompetenz geworden ist.

Wer liebt wen: Versöhnung mit dem anderen Geschlecht

Das Geheimnis der gegenseitigen Anziehung wird sich wohl nie ganz erklären lassen, doch eines ist sicher: Ihre Ausstrahlung wird in den tiefsten Schichten Ihrer Seele „geboren" – dort, wo auch das Gefühl der Liebe beheimatet ist.

Das Geheimnis einer anziehenden Ausstrahlung ist: Männer fühlen sich von Frauen angezogen, die Männer mögen – genauso wie Frauen Männer attraktiv finden, die Frauen mögen!

Fehlt Ihnen das Verständnis für das andere Geschlecht oder hegen Sie gar Argwohn oder Hass gegenüber einzelnen Vertretern oder ganz allgemein, wirken Sie automatisch unterschwellig unattraktiv und unsympathisch – und werden nur schwer einen Partner finden können.

Entrümpeln Sie Altes

Lernen Sie mehr Sympathie, Liebe und vor allem Verständnis für das andere Geschlecht zu entwickeln. Lassen Sie eine erwachsene und gereifte Zuneigung entstehen. Sie haben im Lauf Ihres Lebens viele – nicht nur gute – Erfahrungen mit dem anderen Geschlecht gemacht, die Spuren von Unverständnis, Misstrauen, Zorn oder sogar Hass hinterlassen haben. Das ist verständlich, doch es steht ihnen im Weg.

Es wird Zeit, sich diese alten Gefühle anzuschauen und zu entstauben und notfalls sogar zu „entrümpeln"!

ÜBUNG: ABSCHIED NEHMEN VOM SCHMERZ !

Suchen Sie in Ihrem Geist die Begegnung mit Männern beziehungsweise Frauen aus Ihrer Vergangenheit und laden Sie alle in Ihrer Fantasie nochmals zu sich ein. Nehmen Sie sich eine halbe Stunde Zeit, suchen Sie einen Ort in Ihrer Wohnung auf, an dem Sie es bequem haben (Sofa, Sessel, Bett ...), sorgen Sie dafür, dass Sie nicht gestört werden. Schließen Sie Ihre Augen – Entspannungsmusik im Hintergrund kann Ihnen helfen, Ihre Fantasie anzuregen.

Denken Sie: Ich sitze in einem Zimmer, es klopft an die Tür und ich sage herein, es kommt ...

Die Reihenfolge ist völlig egal: Suchen Sie nicht – warten Sie einfach, wer sich meldet. Auch Menschen, die Sie nicht näher kennen, werden (und dürfen) dabei sein.

Alle Gefühle und Erinnerungen, die bei der Übung aufkommen, dürfen und sollen Sie jetzt zulassen – auch Hass, Zorn oder Verachtung und Peinlichkeit. Echte Würdigung und Versöhnung bedeutet, nicht nur gute Gefühle für einen Menschen zu haben – aufgestauten und geballten Gefühlen Raum zu geben, wirkt erleichternd. So erleichternd, dass sich hinterher (fast immer) die Gegenseite zu Wort „meldet": Auch ein Mensch, der sich als Scheusal verhielt, hat etwas Gutes in sich. Klären Sie es, sagen Sie ihrem Gegenüber, was er in Ihnen bewirkt hat, und lassen Sie ihn in Frieden ziehen.

„Unverdaute" Partnerschaft

Wenn der Trennungsschmerz einer vergangenen Partnerschaft immer noch zu groß ist und die Gefühle immer wieder auftauchen, sollten Sie zusätzlich ein Trennungsritual durchführen. Das mag im ersten Moment seltsam klingen, doch es hilft Ihrem Unterbewusstsein, die Trennung auch als solche anzunehmen und zu verarbeiten.

Zum Beispiel: Suchen oder kaufen Sie (im Baumarkt) große Kieselsteine und legen Sie diese für circa eine Woche in Räume oder an Stellen, die Sie mit dem Ex-Partner benutzt haben oder verbinden. Danach legen Sie diese noch für drei Nächte unter Ihr Bett (Kopf und Bauchhöhe). Nehmen Sie einen wasserfesten Stift und bestimmen Sie für jedes Gefühl und jeden wichtigen Gedanken an den Partner (gut und schlecht) einen Stein und beschriften Sie ihn entsprechend. Dann „beerdigen" Sie Ihre Steine mit Ihren

Gefühlen und Gedanken darin bei einer Trauerfeier. Halten Sie eine echte Feier ab, alleine oder mit Freunden, mit Kerzen und/oder Blumen, einem Umtrunk hinterher – ganz wie Sie es für richtig halten.

Was wünschen Sie sich?

Was wünschen Sie sich wirklich? Natürlich haben wir alle ein mehr oder weniger bewusstes Bild von einem „Ideal" von uns selbst genauso wie von einem Traumpartner. Doch was ist wirklich wichtig? Was muss jemand mitbringen, um sich als geeigneter Partner qualifizieren zu können?

Im Flirt geht es nicht nur darum, dem anderen zu gefallen oder nicht abgelehnt zu werden – es geht viel mehr noch darum, herauszufinden, ob der andere einem wirklich gefällt. Wünschen Sie sich eine/n Partner/in, dann geht es darum jemanden zu finden, der für eine Paarbeziehung mit ihnen **bereit** und **geeignet** ist. Um mehr geht es eigentlich gar nicht.

Gerade, wenn wir uns nicht trauen auf jemanden zuzugehen, spielt unsere Fantasie uns einen lustigen Streich: Wir verpassen eine Chance und idealisieren dann die unbekannte Person. Wir malen uns aus, was wir alles verpasst haben – doch das können wir gar nicht wissen, wenn wir noch nicht mal mit diesem Menschen gesprochen haben.

Eine große Motivation für den Flirt ist daher die Neugier: Sie sehen jemanden, der bei Ihnen Herzklopfen auslöst und Fantasien weckt. Doch wie viel davon ist tatsächlich nur Fantasie?

Ich höre das von vielen ehemaligen Seminarteilnehmern: Wie überrascht sie davon sind, was sie sich früher alles ausgemalt haben – im Positiven wie im Negativen – und wie wenig davon tatsächlich wahr ist.

Stellen Sie sich also die Frage: Möchte ich mein Leben wirklich leben? Möchte ich anderen Menschen begegnen und sie kennenlernen? Oder möchte ich mir das alles weiterhin nur ausdenken und in meiner Fantasie ausmalen?

Wenn Sie sich darüber im Klaren sind, werden Sie feststellen, dass es sich lohnt zu flirten und Sie keine Angst haben müssen vor einem Menschen, der Ihnen auf den ersten Blick sympathisch erscheint. Denn es gilt nun, über den Flirt und die Kontaktaufnahme herauszufinden, ob dieser Mensch sich tatsächlich für Sie qualifizieren kann.

! DAS „KLEINGEDRUCKTE"

Je mehr jemand zu „bieten" hat, desto mehr wird (und darf) er oder sie auch erwarten.

Je mehr Gemeinsamkeiten man hat, desto eher kann über ein gewisses Ungleichgewicht hinweggesehen werden.

Schreiben Sie anderen nicht vor, was Sie zu mögen haben – etwas, das Ihnen an Ihnen selbst vielleicht gar nicht so gefällt, kann jemand anderen verzaubern.

BLICKE, STIMME, KÖRPERSPRACHE – WIE MÄNNER UND FRAUEN KOMMUNIZIEREN

Flirten und Kontaktaufnahme bedeutet letztlich immer Kommunikation – selbst wenn sie nonverbal, also ohne Wort erfolgt. Bei der Kommunikation mit dem anderen Geschlecht entstehen jedoch häufig Missverständnisse, die durch Fehlinterpretationen aus der eigenen Gefühls- und Gedankenwelt entstehen.

Trotz aller Geschlechts- und Emanzipationsdiskussionen: Nach 15 Jahren als Flirttrainerin kann ich bestätigen, dass Männer und Frauen nach wie vor verschieden sind und verschieden denken. Gott sei Dank!

Dies sollte jedoch nicht zu dem resignierenden Schluss führen, dass Männer und Frauen nicht zusammenpassen, weil sie verschieden sind. Im Gegenteil, es ist nur etwas Feingefühl und Verständnis für die „Welt" des anderen gefragt.

Wie schon in Kapitel 1 beschrieben, ist gerade der Bereich des Flirtens und der Partnersuche ein Teil des Lebens, in dem Triebe, Gefühle und Instinkte eine Rolle spielen, die bisher nichts von Gleichberechtigung und anderen Modernitäten gehört haben. Das bedeutet nicht, dass wir beim Flirten nur erfolgreich sein können, wenn wir nach dem Motto „Ich Tarzan – du Jane" (oder umgekehrt) handeln. Bitte nicht! Es bedeutet lediglich, dass Sie sich bestimmter Mechanismen bewusst sein sollten, damit Sie sich sicherer fühlen können.

Im Laufe der Jahre habe ich bei Männern und Frauen diverse körpersprachliche Signale entdeckt, die unabhängig vom Charakter der einzelnen Person immer wieder auftauchen und auch stets dasselbe bedeuten. Manche tauchen bei Männern und Frauen gleichermaßen auf, andere scheinen eindeutig geschlechtstypisch zu sein. Im Schnitt senden Frauen bis zu fünfmal mehr erotische Signale aus als Männer. Dumm nur, wenn die Männer diese nicht erkennen können …

Flirtsignale von Frauen und Männern

Welche Signale flirttypisch sind, was sie bedeuten und wie Sie damit umgehen können, darum geht es in diesem Kapitel.

Ein Grundstein für einen gelungenen Flirt – ganz gleich, wie klein oder intensiv er wird – ist die richtige Grundstimmung. Dies ist zum Teil eine Frage der Einstellung, aber auch der Tagesform. Und die ist beeinflussbar.

Gehen Sie auf „Sendung"!

Die wichtigste Regel, um in Flirtlaune zu kommen: kein Druck, lieber etwas Luft rauslassen. Wenn Sie mit dem Gefühl vor die Tür gehen, jetzt unbedingt flirten zu müssen oder auf Teufel komm raus zu wollen, erzeugt das eine Spannung, die Sie möglicherweise so unter Druck setzen kann, dass Sie sich selbst im Weg stehen.

Besinnen Sie sich stattdessen lieber wieder zurück auf sich selbst und darauf, dass ein Flirt im Grunde bedeutet, anderen ein gutes Gefühl geben zu können. Das können Sie jedoch nur, wenn Sie sich selbst gut fühlen. Belohnen Sie sich also regelmäßig selbst. Gönnen Sie sich eine Massage oder einen Besuch in der Therme, ein schönes Buch oder ein gutes Essen. Verwöhnen Sie sich selbst – Sie haben es verdient!.

Ein schönes „Werkzeug", um das eigene Wohlgefühl täglich bewusst zu steigern und überhaupt erst zu erleben, ist ein sogenanntes „Glückstagebuch": Kaufen Sie sich ein kleines Notizbuch und tragen Sie abends in kurzen Stichworten angenehme Dinge ein, die Ihnen an diesem Tag passiert sind. Erfreuliche und kleine (oder sogar große) glückliche Momente. Dies wird dazu führen, dass Ihnen diese Momente länger und besser in Erinnerung bleiben und Sie darüber hinaus sogar ganz unbewusst und automatisch mehr glückliche Momente selbst herbeiführen.

Kleiner Einsatz – große Wirkung!

Gut gelaunt in den Flirt

Ein weiterer sehr wichtiger Faktor, wie ein Flirt verläuft, ist Ihre eigene Laune.

Stellen Sie sich vor:

Es ist Morgen. Sie erwachen und stellen fest, dass Ihr Wecker eigentlich erst in fünf Minuten klingelt und Sie sich so lange noch ganz gemütlich im Bett rekeln können. Ihnen fällt ein, dass heute Freitag ist und Sie einen angenehmen Termin oder eine schöne Aufgabe haben werden. Abends sind Sie mit netten Freunden verabredet. Sie stehen auf, nehmen Ihr Lieblingsshirt aus dem Schrank, machen sich fertig und verlassen gut gelaunt das Haus. Auf der Straße kommt Ihnen ein Mensch entgegen, der Sie freudig anlächelt.

Was denken Sie?

Stellen Sie sich nun folgende Situation vor:

Es ist Morgen. Sie erwachen und stellen fest, dass Ihr Wecker eigentlich vor 40 Minuten hätte klingeln sollen – hat er aber nicht. Ihnen fällt ein, dass heute Montag ist und Sie an diesem Tag nur nervige Termine oder langweilige Aufgaben haben werden. Abends sind Sie mit einer Freundin verabredet, die sich beständig nur über ihren Job ausheult. Sie stehen hastig auf, mit dem falschen Fuß zuerst, versauen sich Ihr Lieblingshemd mit Zahnpasta und verlassen mit dem schlechten Gefühl, so oder so zu spät zu kommen, das Haus. Auf der Straße kommt Ihnen ein Mensch entgegen, der Sie freudig anlächelt. Was denken Sie?

Ehrlich gesagt, ich würde mir denken: Was grinst dieser Idiot so blöd?

Stellen Sie sich nun doch einfach mal vor, Sie sind der Mensch, der freudig lächelnd diese Straße entlang geht und dem der Sinn nach einem Flirt steht ...

Musik für die richtige Stimmung

Machen Sie sich bewusst, dass Flirten etwas mit Sex zu tun hat – fühlen Sie sich sexy! Einfach gesagt, nicht wahr? Doch wie erreichen Sie das? Hier ein paar Tipps für ein gutes, sexy Flirtgefühl:

Eine sehr gute Möglichkeit, sich selbst in Flirtlaune zu bringen, ist Musik. Musik geht direkt auch ins Unterbewusstsein und hat eine emotionale Wirkung, die uns in bestimmte Stimmungen versetzen kann, wenn wir sie richtig einsetzen.

Stellen Sie sich doch einfach selbst ein paar CDs zusammen mit Titeln, die Sie in Flirtlaune bringen, und Ihnen gute Gefühle verschaffen. Jeder hat da seine eigene Vorstellung – doch ist kraftvolle, positive Musik immer eine gute Wahl. Es kann auch etwas Langsames, Laszives sein. Sind Sie jemand, der bei Liedern auf den Text achtet? Dann gibt es eine große Auswahl an Songs, die Sie in die richtige Stimmung bringen sollten. Vielleicht stellen Sie sich auch einfach mehrere CDs oder Playlists für einen MP3-Player zusammen, den Sie dann auf dem Weg zur Arbeit schon einsetzen können, um den Tag positiv zu beginnen.

Hier ein paar Empfehlungen aus meiner Playlist:

American Authors	Best day of my life
Andreas Bourani	Auf uns
Arctic Monkeys	Dancing Shoes
B52s	Love Shack
Billy Idol	Rebell Yell
Black Eyed Peas	I gotta feeling
Blur	Song 2
Bosse	So oder so
Culcha Candela	Von allein
Emiliana Torrini	Jungle Drum
Fabulos Cadillacs	Matador
Gwen Stefani	Hollaback Girl
Hot Chocolate	You sexy thing
Imagine Dragons	On top of the world
Kings of Leon	Sex on fire
Lou Reed	Take a walk on the wild side

Marvin Gaye	Sexual Healing
Nelly Furtado	Maneater
Nils Koppruch	Komm küssen
One Republic	I lived
Paolo Nutini	Jenny don't be hasty
Peter Fox	Alles neu
Pharrell Williams	Happy
Stereophonics	Dakota
The Strokes	You only live once
Turntablerocker	No Melody
Van Halen	Jump

Bestimmt finden Sie Ihre persönliche Auswahl, die Sie in die richtige Stimmung bringt.

Bringen Sie sich selbst in Flirtstimmung, dann werden Sie die richtigen Signale fast von alleine aussenden. Verströmen Sie Sex-Appeal: Denken Sie weniger darüber nach, wie Sie ungeliebte Körperstellen am besten kaschieren können, sondern konzentrieren Sie sich darauf, Ihre Vorzüge zu betonen.

Betonen Sie Ihre Vorzüge

Ich sehe und höre sehr häufig, dass große Menschen – gerade wenn sie sehr schlank sind, ihre Maße oft zu verstecken versuchen. Sie gehen leicht gebeugt, haben den Kopf eingezogen und tragen viel zu weite Kleidung. Warum? Trauen Sie sich doch bitte, ein großer, schlanker Mensch zu sein – und betonen Sie das auch gerne, damit jeder das auch sehen kann.

Kein Mensch hat nur Vorzüge – aber jeder hat etwas, das er betonen kann: Wohlgeformte Lippen, Augen, glänzende Haare, schöne Beine, Brüste (gut, das gilt nur für die Frauen). Das Wichtigste ist: Nicht verstecken, nicht kaschieren – sondern zeigen und dazu stehen.

Auch vermeintliche Makel können dabei zum Joker werden. Eine Zahnlücke bei einer Frau kann ihr den größten Sex-Appeal verschaffen, wenn sie diese nicht verschämt versteckt, sondern ihre Lippen schminkt und offen lacht – sodass jeder sie sehen kann.

Geben Sie sich selbst den „Sex-Kick"

Stellen Sie sich einen Menschen vor, den Sie begehren, egal wen. Stellen Sie sich vor, dieser Mensch liegt vor Ihnen auf dem Bett – nackt. Er oder sie erwartet Sie, will Sie! Niemand wird je etwas davon erfahren und Sie dürfen tun, was immer Sie wollen.

Diese Fantasie wird Ihr Gehirn und vor allem Ihre Ängste austricksen: Sie werden Lust auf Sex bekommen und Ihr Gesichtsausdruck und Ihre Körpersprache werden sich von ganz alleine verändern. Sie werden sexy wirken, weil Ihr ganzer Körper Sex ausstrahlt.

Wie Sie „auf Sendung" gehen

Aus einem Flirt muss nicht mehr entstehen, könnte aber. Und ein guter Flirt verläuft meist genau so, wie ich mal im Marketingstudium gelernt habe – nach dem **AIDA**-Prinzip, das Elmo Lewis bereits 1898 „erfand", um zu erklären, wie Werbung wirkt:

1. **A**ttention – Aufmerksamkeit erregen.
2. **I**nterest – Interesse wecken.
3. **D**esire – Den Wunsch nach einem Produkt wecken.
4. **A**ction – Der Kunde tut aktiv etwas – er kauft das Produkt.

Auch beim Flirt ist das erste, was Sie brauchen, um überhaupt flirten zu können, die Aufmerksamkeit. Seien Sie selbst aufmerksam und trauen Sie sich Aufmerksamkeit zu erregen, um Interesse wecken und zeigen zu können.

Ganz egal, ob ich schmuddelige Jeans und Turnschuhe oder Pumps und Röckchen trage – ich bin immer ich. Ich habe immer dieselben Werte, Vorzüge, Gedanken. Doch generiere ich positive Aufmerksamkeit durch mein Äußeres, kann ich Interesse für all das wecken. Ich finde es immer wieder interessant, den Weg von der U-Bahn zu meinem Büro zu gehen: An den Tagen, an denen ich hohe Schuhe, offenes Haar und roten Lippenstift trage, werde ich deutlich häufiger bemerkt und gegrüßt als an den Tagen, an denen ich Jeans trage und ungeschminkt ins Büro gehe, um nur zu schreiben oder die Post zu erledigen.

Natürlich, denn ich wecke durch mein Äußeres mehr Aufmerksamkeit. Genau darum geht es im ersten Schritt.

Darauf achten Männer bei Frauen

Natürlich hat jeder Mann andere Vorlieben – zum Glück! Der eine mag volle Brüste, der andere lieber kleine, zarte. Manche Männer leben das Prinzip „Blondinen bevorzugt", andere werden richtig wild bei Frauen mit kurzen, dunklen Haaren ... Es gibt also keine allgemeingültigen Regeln, was sexy ist und was nicht. Allerdings gibt es durchaus ein paar Punkte, die erwähnenswert sind:

Rote Lippen soll man küssen ...

Männer schauen Frauen gerne auf den Mund. Betonen Sie also Ihre Lippen und trauen Sie sich, herauszufinden, welcher Lippenstift Ihnen steht. Frauen werden von Männern umso attraktiver beurteilt je schöner und rosiger ihre Haut wirkt, weil das ein Zeichen für gesunde Schönheit ist, die mal wieder (Sie ahnen es schon) ganz direkt unser Reptiliengehirn und damit die Instinkte anspricht.

Hüftschwung üben

Der richtige Gang: Zwei amerikanische Forscher der University of New York und der A&M University, Texas, ließen ihre Probanden die Attraktivität von computeranimierten

Trickfiguren beurteilen, um Schönheitsideale an Formeln wie zum Beispiel dem Taille-Hüfte-Verhältnis zu erforschen.

Die Figuren wurden dafür jedoch nicht nur in ihren Maßen anders gestaltet, sondern auch in ihren Bewegungen unterschiedlich animiert.

Dabei kam heraus, dass die Figuren, deren Bewegungen am besten mit dem mutmaßlichen biologischen Geschlecht harmonierten und dieses betonten, am attraktivsten bewertet wurden. Wenn Frauen sich „weiblich" – also mit Hüftschwung – bewegen, wirken sie attraktiver, als wenn sie beim Gehen mit den Armen schlenkern.

Ganz egal, ob Sie Modelmaße haben oder nicht. Achten Sie doch mal auf Ihren Gang: Ein jugendlicher, leichter Gang mit schwingenden Hüften wird Ihnen den Einstieg in einen Flirt deutlich erleichtern.

Zeigen Sie Größe

Wie stehen Sie zu Schuhen mit Absätzen? Absätze verlängern die Beine, verkürzen den Po und betonen ihn um circa 25 Prozent durch die andere Haltung. Die Frage, die Sie sich stellen sollten, lautet nicht: „Ist mein Po zu groß?", sondern „Können die Männer ihn gut genug sehen?"

Nicht zu viel zeigen

Bei aller Betonung von weiblichen Attributen: Übertreiben Sie es nicht. Haben Sie schöne Beine? Zeigen Sie sie!

Haben Sie schöne Brüste? Dann tragen Sie einladende Dekolletés. Aber bitte nicht beides zusammen – das wirkt nicht mehr einladend, sondern nur billig. Und sichert Ihnen damit zwar bestimmt die Blicke der Männer, aber nicht ihren Respekt.

Darauf achten Frauen bei Männern

Auch die Frauen haben glücklicherweise unterschiedliche Geschmäcker – während die einen vielleicht eher markante Typen bevorzugen, stehen andere auf Kuschelbärchen oder jungenhafte Charmebolzen.

Das Äußere aufpolieren

Oberste Priorität hat ein erkennbar gepflegtes Äußeres. Das heißt nicht, dass Sie sich parfümieren und eincremen müssen. Es geht darum, dass der Mann seinen Körper gut behandelt, damit sie Lust auf ihn bekommt – und sei es mit Kernseife. Eine Frau hat einen Blick für Mitesser, Pickel, Schuppen, fettiges Haar, ungepflegte Zähne, schmutzige Fingernägel und dergleichen. All das sind absolute „No-Gos" für jede Frau.

Brust raus, Bauch rein!

Eine aufrechte, selbstbewusste Haltung ist ein Signal, das jede Frau empfängt – genauso wie das Gegenteil davon.

Betrachten Sie sich im Spiegel: Hängen Ihre Schultern? Ist Ihr Bauch weiter vorne als Ihr Brustkorb? Dann sinken Ihre Flirtchancen gerade dramatisch. Also: Richten Sie Ihren Brustkorb auf. Ziehen Sie Ihre Schultern erst ein Stück hoch und nehmen Sie sie dann nach hinten. Schon besser! Verlagern Sie im Stehen Ihr Gewicht stets auf ein Bein – auch das wirkt selbstsicher und souverän.

Wie klingt Ihre Stimme?

Laut einer Studie der University of California sind äußere Erscheinung und Körpersprache zu 55 Prozent, der Klang unserer Stimme zu 38 Prozent entscheidend für den ersten Eindruck im Gespräch – das was wir sagen, trägt nur zu sieben Prozent dazu bei, wie wir wirken!

TRAINING FÜR DIE „FLIRTSTIMME"

1. Atmen Sie! Wenn Sie nervös sind, bleibt Ihnen meist sprichwörtlich die Luft weg. Dadurch wird zum einen Ihr Gehirn unterversorgt (was nicht gerade hilfreich ist) und zum anderen klingt Ihre Stimme schnell zu hoch und gepresst. Nicht wirklich sexy. Achten Sie also auf Ihre Atmung: Atmen Sie entspannt, atmen Sie langsam tief ein und aus. Atmen Sie nicht nur in Ihren Brustkorb, sondern stellen Sie sich vor, dass Sie in Ihren Bauch atmen.

2. Finden Sie den Ruhepunkt in Ihrer Stimme! Einfaches, entspanntes Zählen (21, 22, 23, 24 ...), leise brummen oder ein Kinderlied vor sich hinleiern hilft, diesen Spannungspunkt zu erahnen. Oder summen Sie eine Zeit lang in unterschiedlichen Tonlagen, bis Sie eine gefunden haben, mit der Sie sich wohlfühlen.

3. Hören Sie sich Ihre Stimme an! Machen Sie sich ein Bild davon, wie Sie klingen. Überlegen Sie sich einen kleinen Vortrag und nehmen Sie diesen auf. Achten Sie beim Anhören auf verschiedene Punkte wie: Sprechen Sie zusammenhängend? Haben Sie Lieblingswörter oder Phrasen, die Sie (zu) oft verwenden? Klingen Sie monoton oder leiern Sie? Wiederholen Sie das Experiment so oft, bis Sie mit dem Ergebnis einigermaßen zufrieden sind.

Mit einer ansprechenden Stimme können Sie Menschen für sich gewinnen – eine schlechte Stimme hingegen lässt den Sex-Appeal in Sekunden verfliegen. Klingen Sie ängstlich, gehetzt, gepresst, fahrig, ist es nahezu gleichgültig, was Sie sagen.

Körpersprache: Flirtsignale empfangen, verstehen und senden

Damit ein Flirt überhaupt stattfinden kann, ist es unabdingbar, Signale zu erkennen, die Sie als Aufforderung interpretieren können, entsprechend zu reagieren. Diese Aufforderungen sind in der Regel zunächst körpersprachliche Signale, die im Falle eines Interesses bei einer Person mehrfach auftreten, wie zum Beispiel:

- Erwiderung des Augenkontaktes,
- freundliches Anlächeln,
- nicken, wenn der andere in die Richtung schaut,
- im Gespräch: leichte „zufällige" Berührungen, häufigeres Lächeln, lauteres Lachen.

Die Bedeutung von Körpersprache ergründet sich genau wie die gesprochene Sprache nicht aus einzelnen Gesten, so wie man die Bedeutung eines Wortes oft erst im Satzzusammenhang erkennen kann. Wenn ein Mensch die Arme verschränkt, muss das nicht gleichbedeutend mit Ablehnung sein. Es kann auch heißen: „Mir ist kalt (wärme mich!)", oder: „Ich fühle mich etwas unsicher (deinetwegen – weil du mich nervös machst, komm und öffne mich ...),"

Auf der anderen Seite wiederum ist Körpersprache etwas sehr Eindeutiges – der Körper lügt nämlich nie. Sie können der Körpersprache eines Menschen stets vertrauen. Ein Beispiel: Gibt Ihnen jemand eine Zusage für etwas, schüttelt aber dabei unmerklich den Kopf, sollten Sie die Aussage lieber noch mal überprüfen, bevor Sie sich freuen.

Wecken Sie Interesse

Wie das funktioniert? Ganz einfach: Blickkontakt suchen und erwidern, dann lächeln, wegschauen – kurze Pause – wieder hinsehen und erneut lächeln.

Zu einfach? In verschiedenen Tests wurde ausprobiert, wie Menschen auf Lächeln reagieren: Etwa 18 Prozent der Menschen zeigten sofort positive Reaktion auf ein Lächeln, 80 Prozent zeigten zunächst keine Reaktion, da sie selbst überrascht waren, angelächelt zu werden, reagierten aber anschließend positiv. Nur zwei Prozent reagierten negativ. Die Statistik ist also eindeutig auf unserer Seite!

Die Magie des Lächelns

Gerade das Lächeln ist ein Gesichtsausdruck, der sehr unterschätzt wird: „Lächeln Sie, um sympathisch zu wirken" – ein alter Hut, nicht wahr? Dahinter steckt jedoch deutlich mehr, als Sie vielleicht bisher vermuten. Ein Lächeln kann eine nahezu magische Wirkung entfalten, denn es ist der Gesichtsausdruck, der am tiefsten und am positivsten in uns verhaftet ist. Selbst Säuglinge, die noch keine Ahnung von Kommunikation haben, lächeln, wenn es ihnen gut geht. Wir wissen von Anfang an: Wenn Mami die Mundwinkel nach oben zieht, ist alles in Ordnung und erwidern dieses Mienenspiel instinktiv.

Ein Teilnehmer meines Kurses, der nach etwa zehn Jahren Ehe frisch geschieden in einen neuen Stadtteil zog, begann nach dem Flirttraining konsequent in seiner neuen

Nachbarschaft das „Lächel-Spiel" zu spielen. Nach etwa drei Wochen rief er mich an: „Es ist fantastisch", sagte er mir. „Anfangs waren die Menschen irritiert – vor allem die Nachbarn. Aber ich habe gedacht: Ich zieh das durch, mal sehen, was passiert."

Drei Wochen hat es gedauert – inzwischen fühlt er sich in der neuen Umgebung zu Hause und wohl, denn alle Nachbarn grüßen ihn freundlich; geht er an Geschäften in seiner Gegend vorbei, winken ihm die Leute manchmal sogar durchs Fenster zu; trifft er Geschäftsbesitzer vor ihrer Tür, grüßt man ihn und fragt nach seinem Befinden. Das alles nur, weil er sich drei Wochen lang vorgenommen hatte, die Menschen, die ihm begegnen, zum Lächeln zu bringen. Zu Beginn kam er sich selbst komisch vor, doch er war verblüfft, wie positiv die meisten Menschen nach einer gewissen „Eingewöhnungszeit" auf ihn reagierten. Spätestens beim dritten Zusammentreffen waren es die anderen, die freundlich und positiv auf ihn zugingen. Er selbst musste von sich aus gar nicht mehr daran denken, irgendetwas dafür zu tun, dass der andere lächelte, denn er hatte mit seinem Auftreten bereits einen so guten Eindruck hinterlassen, dass die Menschen positive Gefühle mit ihm verbanden und von alleine lächelten, wenn sie ihm begegneten. Da er darüber sehr erfreut war und sich wohl damit fühlte, dass seine Nachbarn und seine Umgebung nett zu ihm waren, wurde seine Freundlichkeit authentisch – denn sie war nicht mehr bewusst eingesetzt, sondern kam von Herzen.

Ein Lächeln löst damit ein tiefes Gefühl des Vertrauens in unserem Unterbewusstsein aus und suggeriert einem bisher fremden Menschen, dass alles in Ordnung und man sich wohl gesonnen ist. Lächeln drückt Zuneigung aus und verkürzt die Distanz zwischen Menschen, es zeigt positives Interesse und löst damit ein gutes Gefühl beim Gegenüber aus.

Blickkontakte

Das Beste, um nicht mehr schüchtern zu wirken, ist Blickkontakte bewusst aufzubauen. Probieren Sie Folgendes: Schauen Sie bewusst geradeaus und lassen Sie Ihre Blicke über die Gesichter anderer Menschen streifen. Im Bus, auf der Straße, in Geschäften. Üben Sie zunächst, anderen Menschen so lange auf die Stirn zu schauen, wie es dauert, um bis drei zu zählen. Versuchen Sie dann, den Menschen zunächst auf den Mund, dann auf die Nase und anschließend in die Augen zu schauen. Je nachdem, ob und wie schüchtern Sie sind, kann dies Überwindung kosten oder ganz einfach sein.

Zählen Sie eher zu den schüchternen Menschen, dann üben Sie doch eine Weile erst mal den „Nasenkontakt. Kaum jemand wird den Unterschied bemerken, und Sie können sich entspannter daran gewöhnen.

Wenn Sie anderen in die Augen sehen können, tun Sie dies möglichst oft. Versuchen Sie, sich dann auf Menschen zu konzentrieren, die Sie anziehend finden. Ihr Ziel sollte einfach nur ein Blickkontakt mit einem attraktiven Menschen sein. Versuchen Sie nicht, gleich in eine Unterhaltung einzusteigen oder Ähnliches. Schauen Sie Ihrem attraktiven Gegenüber lediglich in die Augen und setzen Sie ein freundliches Lächeln auf. Das ist ein sehr guter Anfang, der Sie auf alles Weitere bestens vorbereitet.

Machen Sie sich Folgendes klar: Kein Mensch schaut sich etwas an, das ihn nicht interessiert. Mit einem ersten Blickkontakt haben Sie daher auf jeden Fall die Aufmerksamkeit Ihres potenziellen Flirtpartners errungen. Ein zweiter Blickkontakt kommt nicht zufällig zustande, sondern nur, wenn der andere auch an Ihnen interessiert ist. So können Sie also anhand der Blickkontakte ganz einfach die **AIDA**-Formel (**A**ttention, **I**nterest, **D**esire, **A**ction) abhaken. Ein dritter Blickkontakt ist eindeutig und gibt Ihnen allen Grund zum Lächeln. Denken Sie sich einfach so etwas wie „Erwischt! Ich weiß jetzt, dass du mich interessant findest", und Ihr Gesicht wird (na hoffentlich!) den entsprechenden interessiert-verschmitzten Ausdruck annehmen, den es braucht, um das „**Desire**" zu bestätigen und „**Action**" einzuläuten.

Augenblicke

Nicht jeder Mensch bemerkt von alleine den Blickkontakt, den Sie ihm oder ihr schenken möchten. Lenken Sie daher mehr Aufmerksamkeit auf Ihre Augen. Streichen Sie sich die Haare aus dem Gesicht (falls das frisurentechnisch gegeben ist) oder legen Sie Ihren Daumen seitlich an Ihr Kinn und lassen Zeige- und Mittelfinger an der Seite Ihres Gesichts nach oben zeigen. Alles was Sie mit Gesten tun können, um auf Ihre Augen aufmerksam zu machen, ist hilfreich.

Starren Sie nicht: Normalerweise scannen wir ein Gesicht maximal drei Sekunden lang. Wenn Sie dies auf vier oder fünf Sekunden ausdehnen, merkt Ihr Gegenüber, dass er Ihnen ins Auge gefallen ist. Längeres Ansehen kann missverstanden werden und könnte auch dazu führen, dass der andere sich unwohl fühlt.

Schweifen und Fixieren: Sehen Sie den (oder die) Auserwählt(en) an, bis er oder sie merkt, dass er/sie Ihnen aufgefallen ist. Wenn er/sie den Blick erwidert, lassen Sie Ihren Blick abschweifen und einmal durch den Raum gleiten, dann sehen Sie wieder etwas länger zu ihm/ihr hin. Unterbrechen Sie den Blickkontakt ruhig ganz bewusst, aber schauen Sie dann wieder hin. Wird Ihr Blickkontakt dabei ein weiteres Mal erwidert, besteht definitiv Interesse.

Blinzeln Sie: Unser Gehirn assoziiert häufiges Blinzeln mit sexuellem Begehren. Wenn Sie selbst öfter blinzeln, wird sich vermutlich auch die Frequenz bei Ihrem Flirtpartner erhöhen – bei gleichzeitiger Steigerung des Interesses. Sie vermitteln Ihrem Gegenüber damit die Botschaft, dass Sie sich zu ihm hingezogen fühlen, ohne dass Sie auch nur ein Wort darüber verlieren müssen. Ihr Flirtpartner wird dies nicht bewusst bemerken, aber er wird es unbewusst registrieren und fühlen – und darauf reagieren.

Zwinkern Sie: Übertreiben Sie nicht damit – doch ein kleines Zwinkern ist immer eine Geste des Vertrauens zwischen zwei Menschen. Sie können dieses ganz bewusst einsetzen, wenn Sie mit einem Menschen, der Ihnen gefällt, mit einer anderen, vielleicht sogar unangenehmen Situation konfrontiert werden. Schauen Sie den anderen freundlich an und deuten Sie ein leichtes Zwinkern an. Das wird Ihrem Gegenüber zu verstehen geben: „Wir beiden sind uns doch einig, oder!?", und er wird sich mit Ihnen verbunden fühlen. Wenn Sie sich unsicher sind, ob Sie nicht vielleicht „blöd" aussehen, wenn Sie zwinkern, dann üben Sie doch ein paar Mal vorm Spiegel – da sieht Sie niemand außer Ihnen selbst.

Die Bedeutung der Armhaltung

Wie bereits erwähnt, kann die Geste der verschränkten Arme viele Ursachen und Bedeutungen haben. Jeder von uns errichtet in manchen Situationen gerne eine Art Schutzwall. Für manche Menschen ist das einfach bequem, andere tun es tatsächlich, weil sie das Gefühl haben, dass sie Schutz brauchen, sich verteidigen wollen oder sich bedroht fühlen. Genau wie ein ausgesprochenes Wort jedoch erst im Kontext seine ganze Bedeutung erhält, ist auch die Haltung der Arme im Zusammenhang mit beispielsweise dem Gesichtsausdruck ein ganzer „Satz". Achten Sie also auch darauf, ob Ihr Gegenüber ängstlich oder unsicher dreinblickt, die Stirn runzelt, zu frösteln scheint oder ganz entspannt lächelt.

Sind die Arme vor der Brust verschränkt und es sind wenigstens die Finger mindestens einer Hand zu sehen, ist noch alles in Ordnung. Je enger die Verschränkung ist und je weniger die Hände zu sehen sind, umso „stärker" ist der Schutzwall, den Ihr Gegenüber damit aufbaut. Was Sie tun können: Zum einen versuchen, die Verschränkung zu lösen, indem Sie ihm oder ihr einen Gegenstand oder ein Getränk in die Hand geben, oder Sie „spiegeln" Ihren potenziellen Flirtpartner. Verschränken Sie ebenfalls die Arme auf die gleiche Weise und lösen Sie Ihre eigene Verschränkung dann langsam. Wenn Ihr Gegenüber sich zwischenzeitlich wohler oder sicherer fühlt, wird er das auch tun.

Sind die Arme verschränkt, aber die Daumen deuten nach oben, ist dies eine Mischung aus Schutzbedürfnis und der Aussage „Ich bin selbstbewusst". Ihr Gegenüber möchte zeigen, dass er die Situation und sich voll unter Kontrolle hat – obwohl dem eigentlich nicht so ist. Nehmen Sie es mit einem Schmunzeln zur Kenntnis.

Die Bedeutung der Beinhaltung

Unsere Füße und Beine drücken unsere wahren Gefühle meist am zuverlässigsten aus, weil wir uns dieser Körperteile am wenigsten bewusst sind und sie daher am wenigsten unter Kontrolle haben. Richten Sie Ihren Blick in Flirtsituationen also ruhig auch einmal in die unterste Etage, um sich etwas mehr Information zu holen:

Gut: Die Füße Ihres Flirtpartners zeigen auf Sie, ein Fuß ist in Schrittstellung auf Sie gerichtet.

Er oder sie hat die Beine in Ihre Richtung übereinandergeschlagen, wenn er/sie neben Ihnen sitzt – das obere Bein zeigt zu Ihnen.

Er oder sie „füßelt" mit Ihnen oder Ihre Füße berühren sich „zufällig".

Ausgestreckte Beine, die Füße übereinandergelegt: Ihr Gegenüber ist völlig entspannt und sehr selbstsicher.

Bei Männern: Er sitzt mit breiten Beinen da, hat die Füße fest auf dem Boden und sieht Sie direkt an. Wenn er sich dann noch leicht nach vorne beugt, wirkt es, als würde er bereits zum Sprung ansetzen – vermutlich auf Sie!

Bei Frauen: Sie schlägt mehrfach ihre Beine übereinander und öffnet sie wieder oder wickelt ein Bein um das andere und klemmt einen Fuß hinter Wade oder Knöchel. Wenn sie ihre Beine übereinanderschlägt und mit dem oberen Bein wippt, sind Sie so was von auf dem richtigen Weg!

Weniger gut: Die Beine sind zwar übereinandergeschlagen, aber die Person wirkt abgewandt und geschlossen. Kombiniert mit verschränkten Armen, abgewandtem Blick oder gesenkten Augen ist dies eher Schutz und Ablehnung. Wenn Ihr Gegenüber sich dann noch einen

Gegenstand, ein Kissen, eine Tasche oder eine Zeitschrift auf den Schoß legt, lautet die Botschaft „nein".

Seine oder ihre Beine stehen nebeneinander und sind fest zusammengepresst. Die Person ist nicht entspannt und wohl auch nicht offen für einen Flirt.

Die Knie sind zusammengepresst und die Fußsohlen ebenfalls: Die Person ist schüchtern und nervös – aber nicht unbedingt ablehnend. Da müssen Sie vielleicht noch mit etwas Charme nachhelfen ...

Wenn er oder sie stets das Gegenteil tut von dem, was Sie tun: Also wenn Sie beispielsweise die Beine übereinanderschlagen, stellt er oder sie ihre Beine nebeneinander auf den Boden, dann kann das bedeuten, dass Ihr Gegenüber Ihnen instinktiv sagen will: „Schau, wir sind verschieden und das bleibt auch so". Es kann aber auch bedeuten, dass er oder sie die Führung übernehmen will. Schauen Sie was passiert, wenn Sie diesen Bewegungsabläufen folgen: Entspannt sich der andere, ist alles in Ordnung. Verändert er seine Position und Beinhaltung weiter, wird das wohl nichts mehr heute.

Das Spiegel-Spiel

Nicht nur bei der Beinarbeit, sondern generell in Sachen Flirtsignale ist das Spiegeln eine der wirkungsvollsten Methoden, um sich einer anderen Person zu nähern und sie zu öffnen. Ahmen Sie nach und nach die Bewegungen Ihres Gegenübers nach – nicht überdeutlich, ganz dezent.

Passen Sie sich den Bewegungsmustern der anderen Person an. Wir suchen unbewusst stets nach einer anderen Version unseres eigenen Selbst. Gesten, Bewegungsabläufe, Körperhaltung sind im ersten Moment unwichtige Oberflächlichkeiten, doch unser Unterbewusstsein registriert all das ganz genau und schafft Verbindungen zu unseren geheimen Wünschen.

Wenn jemand unser Verhalten spiegelt, gibt uns das das Gefühl, auf einer Ebene zu sein. Wir fühlen uns automatisch akzeptiert und geschmeichelt und möchten mehr über diesen Menschen erfahren, um dieses Gefühl zu ergründen.

Achten Sie beim Sprechen auf Tonfall, Lautstärke, Rhythmus der Stimme ... Damit werden Sie deutlich schneller das Vertrauen der Person gewinnen als durch alles, was Sie sagen könnten.

Besonderheiten und Flirtsignale von Frauen

Liebe Frauen, bitte lesen Sie dieses Kapitel und lernen Sie etwas über sich selbst und wie Sie den „Kerlen" in Zukunft etwas besser auf die Sprünge helfen können.

Frauen schauen nicht zufällig

Frauen schauen einem Mann nicht zufällig in die Augen. Sollten Sie als Mann das Gefühl haben, dass Sie gerade eventuell einen kurzen Blickkontakt mit einer Frau hatten – glauben Sie mir, es war einer.

Frauen checken und scannen Männer viel schneller als umgekehrt. Entspricht „er" überhaupt nicht ihrem „Beuteschema", wird es nicht zu einem Blickkontakt kommen.

Eine weitere typische Verhaltensart vieler Frauen jedoch ist sehr tückisch: Auch gut aussehende Frauen werden nicht so häufig von Männern angesprochen, wie Sie vielleicht glauben. Meist sind es nur die Jäger und Sammler von „Nummern" (nicht nur Telefonnummern), die sich forsch heranwagen und dann nicht flirten, sondern baggern. Darauf jedoch haben die meisten Frauen keine Lust. Dementsprechend haben sich viele eine Art „Rühr mich nicht an"-Verhaltensweise angewöhnt, die oft unfairerweise gleich allen Männern gegenüber gezeigt wird.

Dies führt dann häufig zu folgenden Spielarten des Blickkontaktes: Sie schaut Sie an, und sobald Sie den Blickkontakt aufnehmen, sieht sie sofort weg. Meist dann noch verbunden mit einer sogenannten Übersprunghandlung: kramen in der Handtasche, die Suche nach dem Handy, eine Zigarette anstecken, etwas unter dem Tisch nachschauen und so weiter. Keine Sorge, das bedeutet nichts anderes als: Sie ist nervös. Das ist gut für Sie.

Eine weitere Spielart ist der Nicht-Blickkontakt: In einer Runde sitzt eine Frau, die alle anschaut und sich mit allen unterhält – außer mit Ihnen. Sie werden es kaum glauben, aber das ist ein sicheres Anzeichen dafür, dass diese Frau Sie attraktiv findet. Sie traut sich nicht, Sie anzusehen oder anzusprechen, weil Sie Angst hat vor Ablehnung oder noch schlimmer: Angst hat vor Annahme (das würde ja ihre Theorie von den baggernden Männern widerlegen).

Da Sie das nun wissen, können Sie in Zukunft getrost auf Frauen zugehen, die dieses Buch noch nicht gelesen haben. Werfen Sie die Flinte also nicht gleich ins Korn, sondern suchen Sie weiter den Blickkontakt und die Nähe der Betreffenden und zeigen Sie ihr, dass Sie ihr nichts Böses wollen und durchaus ein feiner Kerl sind, den es lohnt, kennenzulernen.

Wer macht den ersten Schritt?

Mindestens zwei Drittel aller Kontakte werden von den Frauen initiiert – selbst wenn Sie als Mann glauben, den ersten Schritt gemacht zu haben. Die Frau geht vielleicht nicht auf Sie zu und eröffnet ein Gespräch, aber sie wählt vorher durchaus genau aus, wen sie sich ansieht und wem sie grünes Licht gibt. Der einzige Grund, warum Männer denken, sie hätten den ersten Schritt gemacht, ist, wenn sie diejenigen sind, die dann auf die betreffende Frau zugehen und aus der nonverbalen Kommunikation ein Gespräch machen. Das ist tatsächlich der zweite, allerdings auch der mutigere Schritt. Wirklich auf einen Menschen zuzugehen, ist in der Tat immer mit dem Risiko der Ablehnung verbunden, und die wenigsten Frauen tun das. Dafür senden Frauen zahlreiche Signale, die Sie nur erkennen müssen, um zu wissen, dass Sie willkommen sind.

Liebe Frauen, die meisten Männer sind leider nicht gut im Erkennen und Entschlüsseln von Signalen. Wenn Sie als Frau glauben, dass Sie sich gerade auffällig und plump verhalten, ist das genau der Punkt, an dem der Mann registriert, dass eventuell Interesse bei Ihnen vorhanden sein könnte.

Zeichen für das Flirt-Go

Sobald eine Frau anfängt, an sich „herumzuspielen": Ihre Haare dreht, in ihrer Frisur nestelt, ihren Hals, ihre Oberschenkel oder ihre Arme streichelt oder berührt, über ihre Lippen streicht, sendet ihr Körper unbewusst das Signal: Ich will dich!

Die Frau schaut Ihnen häufiger auf den Mund? Na warum nur ... lecken Sie sich kurz die Lippen und beobachten Sie, ob ihre Augen für einen kurzen Moment größer werden. Na also!

Sie wirft Ihnen immer wieder kurze Blicke zu, nachdem sie im Raum herumgeschaut hat – weil Sie das Interessanteste sind, was es zu sehen gibt.

Sie streicht sich durchs Haar oder wirft es zurück: Yes!

Sie zeigt ihre Handgelenke. Gerade bei Frauen, die rauchen, sehr schön zu beobachten: Taucht ein attraktiver Mann auf, dreht sich das Handgelenk wie von Zauberhand geführt nach außen beziehungsweise zur Seite und nicht nach innen, zum eigenen Körper hin.

Sie schiebt einen Gegenstand, den sie benutzt – also zum Beispiel ihr Glas, einen Aschenbecher, einen Stift –, weiter zu Ihnen als zu sich selbst, sodass sie immer wieder in „Ihre Zone" greifen muss und eventuell ihre Hand sogar dort belässt.

Sie neigt ihren Kopf leicht zur Seite, wenn Sie sie anschauen oder mit ihr sprechen, und zeigt ihren Hals.

Sie senkt den Kopf und schaut von unten herauf durch ihre Wimpern zu Ihnen.

Ihre Bewegungen werden ausladender, auffälliger und ihr Lachen wird lauter.

Das seltsame Verhalten von Frauen in Gruppen und Grüppchen

Zwei Frauen sind bereits ein Grüppchen und dummerweise kommt es den Männern nicht nur so vor. Ganz oft ist es auch so: Wenn Frauen zusammen ausgehen, könnten sie – rein flirttechnisch betrachtet – meist auch genauso gut zu Hause bleiben.

Frauen haben sich immer etwas zu erzählen und sind genauso auch gute Zuhörerinnen. Das führt häufig dazu, dass Frauen gerade an den klassischen Flirtorten wie Kneipe und Café die Welt um sich herum völlig zu vergessen scheinen, nicht mehr wahrnehmen, was passiert und nur auf ihre Freundin(nen) konzentriert sind.

Erschwerend kommt hinzu, dass Frauen gruppendynamisch ungefähr so funktionieren wie eine Schafherde: Meist gibt es ein oder zwei „Leitschafe". Sie sind die Wortführerinnen, reden am meisten und sorgen dafür, dass ihre kleine „Schafherde" sich wohlfühlt. Ein Mann, der in eine Frauengruppe oder ein Frauenduo „eindringt", wird zunächst meist eher als „Störenfried" betrachtet. Er muss sich also etwas einfallen lassen.

Beobachten Sie Frauengruppen: In dem Moment, in dem zwei oder mehr Frauen angesprochen werden – ganz gleich weswegen –, suchen sie den Augenkontakt zueinander. Mit schnellen Blicken und winzig kleinen Zeichen stimmen sie sich kurz ab, bevor sie antworten oder eine Entscheidung treffen. Für Frauen ist diese Art der Verständigung so normal, dass sie überhaupt nicht mehr bewusst wahrgenommen wird. Sie findet einfach statt, so wie Atmen.

Sie haben folgende Möglichkeiten:

Erkennen Sie die Leitschafe. Das ist relativ einfach: Es sind die, die am meisten reden und auf die die meisten Fußspitzen zeigen. Machen Sie sich bei mindestens einer beliebt (zum Beispiel mit einem Kompliment oder einem Scherz) und sagen Sie ihr ganz schnell (wenn sie nicht diejenige welche ist), für welche ihrer Freundinnen Sie sich interessieren: Frauen haben einen Heidenspaß an Kuppelspielchen.

Zeigen Sie Ihren Spaßfaktor. Wenn die Damen Sie nicht als Störenfried, sondern als potenzielle Bereicherung ihres Abends einschätzen, haben Sie freie Bahn und dürfen sich zeigen und um den Finger wickeln lassen.

Fragen Sie die Frauen um Rat. Frauen sind in aller Regel hilfsbereit – wenn Sie also die Meinung einer Frau zu Ihrem Outfit, einem Parfum, einem Geschenk für Ihre Schwester, einer Gefühlslage im Zusammenhang mit einer Frau haben – und da wird Ihnen doch sicher etwas einfallen – haben Sie gute Chancen, das Damengrüppchen für sich zu gewinnen.

Lösen Sie Ihre Flirtpartnerin aus der Gruppe. Das geht so: Selbstverständlich sollten Sie vorher bereits Blickkontakt mit der Auserwählten gehabt haben. Sollte dieser sich nicht von alleine einstellen, machen Sie auf sich aufmerksam (z. B. indem Sie ein kurze, banale Frage stellen, „versehentlich" zusammenstoßen oder Ähnliches). Wenn sich danach Blickkontakt ergibt, immer schön freundlich bleiben. Denken Sie sich: „Ich finde dich toll, schade, dass du mit Deinen Freundinnen da bist", während Sie sie ansehen. Ihre Gedanken werden auf Ihrem Gesicht ablesbar sein. Achten Sie also darauf, dass Sie positiv denken.

Wenn Ihre Blicke sich ein paar Mal getroffen haben, fassen Sie sich deutlich sichtbar ein Herz und gehen Sie auf die Gruppe zu. Begrüßen Sie die Gruppe und entschuldigen Sie die Dame Ihrer Wahl für einen Moment bei ihren Freundinnen. Etwa so: „Guten Abend die Damen. Ich sehe ja, hier ist gerade Frauenabend angesagt. Ich will euch auch gar nicht lange stören, aber ich werde euch für einen kurzen Moment eure Freundin entführen. Keine Sorge, ich bring sie euch gleich wieder!" In dem Moment, wo Sie „eure Freundin entführen" sagen, strecken Sie die Hand zu der Frau hin, die Sie interessiert, und sehen ihr in die Augen. Machen Sie wenn nötig eine kurze auffordernde Geste, ein Kopfnicken zum Beispiel, und Sie werden staunen: 90 Prozent aller Frauen ergreifen automatisch eine Hand, wenn man sie ihnen entgegenstreckt.

Greifen Sie zu und „ziehen Sie Ihre Beute an Land". Sagen Sie ihr anschließend, dass Sie ihren Freundinnen nicht den Abend mit ihr verderben möchten, aber dass Sie sie sehr attraktiv und interessant finden und gerne mehr über sie erfahren möchten. Bitten Sie sie, sie in den nächsten Tagen anrufen zu dürfen. Ja, ja, ich höre Sie schon: Nur ein total selbstbewusster Mann würde so etwas tun! Nun, Frauen lieben selbstbewusste Männer und mit einer solchen Tat lassen Sie bei einer Frau keinen Zweifel daran, dass Sie das sind. Sie haben damit optimale Voraussetzungen, ihre Telefonnummer auch tatsächlich zu bekommen.

Die letzte Möglichkeit funktioniert, wenn Sie selbst mit einer Gruppe unterwegs sind. Im rheinischen Karneval sieht man häufig, wie Grüppchen sich in den Gassen und Kneipen vermischen, weil sie „auf Spaß programmiert sind". Und genau das ist das Motto: Sie sind der Spaß und vermischen sich mit der Frauengruppe. Wichtig ist, dass alles recht schnell geht, sodass die Damen keine große Gelegenheit haben, sich mit Blicken zu verständigen.

Das erreichen Sie, indem alle Mitglieder Ihrer Gruppe auf die Frauen zugehen und zum Beispiel über ein gegenseitiges Vorstellen und Nachfragen, was man hier macht, wie man zusammengehört und so weiter die Strukturen der Frauengruppe auflösen. Passen Sie dabei jedoch auf, dass Sie selbst am Ende auch bei Ihrer „Auserwählten" landen ...

Besonderheiten und Flirtsignale von Männern

Während Frauen unbewusst mit bis zu 52 Signalen anzeigen, dass sie an einem Mann interessiert sind, ist ein durchschnittlicher Mann auf etwa zehn Signale beschränkt, die sein Interesse zeigen. Diese Zeichen sind dafür umso deutlicher und in aller Regel zuverlässig.

Als Frau können Sie erkennen, ob ein Mann Sie faszinierend findet, noch bevor er es realisiert. Männer, die eine Frau sehen, die sie attraktiv finden, reagieren mit einem sogenannten „Eye-Flash": Ein kurzes Heben und Senken der Augenbrauen mit einem Weiten der Pupillen und der Augen selbst. Das Ganze dauert meist nur circa eine fünftel Sekunde, ist jedoch absolut zuverlässig. Erwidern Sie seinen Blickkontakt und signalisieren Sie ebenfalls Interesse, steht einem Flirt nichts mehr im Wege.

Wenn einem Mann gefällt, was er sieht, werden seine Lippen sich automatisch ein Stück weit öffnen, seine Nasenflügel werden sich weiten, sein ganzes Gesicht öffnet sich und die Augen werden für einen Moment größer. Wenn Sie diese Mimik bei einem Mann wahrnehmen, sollten Sie keinen Zweifel mehr daran haben, dass er Sie attraktiv findet.

Weitere Flirtsignale von Männern

- Er erwidert beziehungsweise sucht den Blickkontakt.
- Er „wächst", zieht den Bauch ein, sitzt oder steht plötzlich aufrechter.
- Er beginnt, seine Klamotten auf richtigen Sitz zu überprüfen, nestelt an seinem Kragen herum, knöpft (falls vorhanden) seine Jacke auf und wieder zu ... und wieder auf.
- Er glättet sein Haar oder fährt mit den Fingern durch.
- Er spielt an seinen Socken herum oder zieht sie hoch.
- Er hängt seine Daumen in den Gürtel oder die Gürtelschlaufe. Bei sehr selbstbewussten Männern zeigt mindestens ein Finger zu seinen Genitalien.
- Er berührt sich im Gesicht, streicht sich über die Wange, berührt seine Ohren oder Ohrläppchen, reibt sein Kinn.

All diese Dinge dienen sowohl dazu, Aufmerksamkeit zu erhalten als auch Ihr Interesse zu wecken.

Kommt ein Mann nach diesen Signalen trotzdem nicht auf Sie zu, könnte es daran liegen, dass er sich nicht sicher ist, ob Sie ihn ebenfalls attraktiv finden, da Ihre Signale für ihn bisher zu subtil sind.

In einem Flirtkurs machte ich einmal den Vorschlag, den Mann mit einer kleinen Handbewegung zu sich „herüberzuwinken". Während die Frauen die Luft anhielten und meinten, das würden sie sich nicht trauen, weil das zu billig und deplatziert sei, waren die Männer hellauf begeistert und meinten, das sei doch eine dezente Geste und dann wüssten sie wenigstens, dass sie gemeint seien. Den ersten Schritt müssten Sie dann ja immer noch gehen. Denken Sie mal darüber nach!

Das Verhalten von Männern in Männerrunden

Es gibt kaum ein traurigeres Bild für eine Frau als einen einsamen Mann an einer Kneipentheke. Er wirkt als habe er keine Freunde, und die Frau denkt unbewusst sofort, dass das sicher Gründe hat. Die stille Alarmglocke sagt: „Finger weg – Loser!" Das ist natürlich eine Frage der Selbstpräsentation: Es ist ein großer Unterschied, ob Sie gelangweilt vor einem Bier sitzen, ins Leere starren und Ihr „Keiner hat mich lieb"-Gesicht machen oder ob Sie entspannt irgendwo lehnen und die Szenerie Ihrer Umgebung auf sich wirken lassen. Fest steht: In der Gruppe wirkt man(n) attraktiver – Sie haben Freunde, sind also quasi „getestet und für gut befunden".

Andererseits trauen sich Frauen auch an Männergruppen und -grüppchen noch weniger heran als Männer an Frauengruppen. Klar: Frauen gehen von sich selbst aus. Großer Fehler!

Die Erforschung des Gruppenverhaltens von Männern und Frauen ist ein sehr beliebtes Spiel in meinen Trainings und die Ergebnisse verblüffen beide Seiten gleichermaßen.

Welche Taktik sollte eine Frau also anwenden, um an einen Mann heranzukommen, der in einer Männergruppe steht?

Variante 1: Bauen Sie Blickkontakt mit dem Auserwählten auf. Sollte dieser sich nicht von alleine einstellen, machen Sie auf sich aufmerksam (z. B. indem Sie ein kurze, banale Frage stellen, „versehentlich" zusammenstoßen oder Ähnliches). Wenn sich danach Blickkontakt ergibt, denken Sie sich: „Ich finde dich toll, schade, dass du mit Deinen Freunden da bist. du würdest mich interessieren", während Sie ihn ansehen. Ihre Gedanken werden auf Ihrem Gesicht ablesbar sein und in 50 Prozent aller Fälle, wird Ihr Auserwählter sich spätestens nach einem kleinen Wink von Ihnen von alleine aus der Gruppe lösen.

Sollte Variante 1 nicht funktionieren, versuchen Sie **Variante 2:** Gehen Sie auf die Männergruppe zu (alleine oder mit der Freundin, die Sie vermutlich begleitet und die Sie selbstverständlich eingeweiht haben) und sagen zur Männergruppe: „Hallo, sagt mal: Wird das ein Herrenabend oder könnt ihr noch etwas weibliche Unterstützung gebrauchen?" Das reicht. Die Mehrheit der Männer nämlich sieht Frauen nicht als potenzielle Störenfriede bei ihren „Männergesprächen" an, sondern als willkommene Abwechslung, Unterhaltung und Potenzial, sich miteinander zu vergleichen. Die Männer werden in 90 Prozent aller Fälle keine Blicke untereinander wechseln, sondern alle Sie ansehen. Solange, bis Sie gegebenenfalls Ihre Freundin erwähnen oder vorstellen. Dann werden alle Ihre Freundin ansehen. Ja, so ist das.

Sollten die Varianten 1 und 2 tatsächlich fehlschlagen (das ist in ungefähr zwei Prozent aller Situationen der Fall oder wenn die Männer schwul und frauenfeindlich sind, was noch seltener vorkommt – aber da kann ich dann auch nicht weiterhelfen), können Sie immer noch frech werden und Ihren „Auserwählten" mit den Worten: „Du hast mich die ganze Zeit so auffällig nett angeschaut, ich wollte wenigstens wissen, wie du heißt!" herausfordern.

Vergessen Sie nicht, der Steinzeitinstinkt von Männern sagt ihnen fortwährend, dass es eine gute Idee ist, mit möglichst vielen Frauen zu schlafen, damit ihre Gene nicht aussterben. Männer werden also kaum eine Gelegenheit für einen Flirt verstreichen lassen, wenn sie ihn erkennen können. Das macht es deutlich einfacher. Und Sie dürfen die Regeln machen, wie weit das geht. Die meisten Frauen können nämlich sehr gut flirten, wenn sie sich trauen, einen Korb zu geben, wenn es notwendig ist.

Vom Umgang mit Körben

Einen Korb zu geben, ist fast genauso unangenehm wie einen zu bekommen. Das sollte Ihnen zunächst mal Mut machen, frecher zu flirten. Da die meisten Menschen nicht gerne Körbe geben, wird man Sie nicht direkt ablehnen, wenn Sie sich einigermaßen freundlich anstellen.

Ein Mann wird einer Frau einen Korb geben, wenn er sie unattraktiv findet oder eine eifersüchtige Freundin bereits auf der Türschwelle steht. Eine Frau wird einem Mann einen Korb geben, wenn sie das Gefühl bekommt, dass er sie als Fünfzehnte heute Abend mit derselben Masche anspricht, oder sie befürchtet, dass er sie innerhalb der nächsten halben Stunde zu Tode langweilen würde.

Körbe geben

Wenn Sie selbst einen Korb geben müssen oder möchten, denken Sie daran, dass der andere sich überwunden hat, auf Sie zuzugehen und lediglich glaubte, dass Sie ihn attraktiv und nett finden würden – also bleiben Sie freundlich.

Wenn der „Anflirter" sich als „Anmacher" entpuppt, dürfen Sie ruhig deutlicher werden. Viele Frauen, die angemacht werden, machen den Fehler, dass sie zu freundlich bleiben, sodass der Anmacher das „Nein" eher als „Vielleicht" versteht und damit als Aufforderung, sich mehr ins Zeug zu legen.

Viele Frauen verstehen das Spiel des Flirts nicht und reagieren daher falsch oder gar nicht. Es ist für die meisten Männer völlig in Ordnung, wenn sie von einer Frau angeschaut werden. Es ist genauso okay, wenn er eine Frau anspricht und die Frau ihm sagt, dass sie nicht angesprochen werden möchte. Wir neigen dazu, ein Verhalten zu entwickeln, das peinliche Situationen nach allen Kräften vermeiden soll. Da jegliche soziale Interaktion mit einem Unbekannten peinlich werden könnte, vermeiden wir auch diese und lassen uns damit jede Menge Möglichkeiten und Spaß entgehen.

Stellen Sie sich mal vor, Sie hätten ein Unternehmen, das Mitarbeiter sucht, aber Sie würden nichts unternehmen, weil Sie wissen, dass Sie einen Großteil der Bewerber ablehnen müssten. Oder Sie suchen einen Job und bewerben sich nicht, weil Sie wissen, dass Sie vermutlich ein paar Absagen erhalten werden. Sie können nicht alle Bedürfnisse aller Menschen erfüllen und die nicht Ihre. Lernen Sie also, nein zu sagen – freundlich, aber bestimmt. Dann können Sie sich in Zukunft auch auf Flirts einlassen: Weil Sie sie jederzeit beenden können, wenn Sie das möchten.

Was es bedeutet, einen Korb zu bekommen

Befinden Sie sich in einer Flirtsituation, dann ist es oft der erste Eindruck, der entscheidet, ob es zu einem Flirt kommt oder nicht. Es lohnt sich daher, einmal zu betrachten, wie dieser erste Eindruck überhaupt zustande kommt, und was er bedeutet:

Sie sehen einen Menschen und bekommen von ihm automatisch eine Reihe von Informationen. Zunächst ganz einfache Dinge: Geschlecht, ungefähres Lebensalter, Größe, Körperbau, Frisur, Kleidung, Accessoires, allgemeiner Pflegezustand, Mimik und Gesichtsausdruck, Gestik, Gesamtverhalten, Aktivitätszustand – eventuell auch Stimme. Zudem empfangen Sie diffusere Wahrnehmungen wie die „Ausstrahlung", die sich einerseits aus dem Gesamtbild der oben genannten Informationen zusammensetzt, aber oft eine weitere, schwer beschreibbare Komponente enthält. Hinzu kommen weitere Faktoren wie zum Beispiel der Kontext, in dem diese Person Ihnen begegnet. Ein Mensch, der Ihnen auf einer Party von Freunden vorgestellt wird, wirkt anders als jemand, der Ihnen im Berufsleben begegnet.

All dies sind zunächst nur Informationen – ein Eindruck entsteht, wenn Sie beginnen, diese Informationen zu interpretieren. Sie bewerten und vergleichen sie. Doch auf welcher Basis? Die Informationen, die Sie über diesen Menschen erhalten, vergleichen Sie mit allem Wissen, allen Erlebnissen und Erfahrungen, die Sie bisher hatten,

Ihrer eigenen Lebenssituation, Sozialisation und Ihrem Umfeld – aber auch mit all Ihren Bedürfnissen und Wünschen.

Körbe nicht persönlich nehmen

Das Peinliche an einem Korb ist das Gefühl der Zurückweisung, der Aussage des anderen: „Du bist mir nicht gut genug." Doch sehen wir jetzt, dass die Zurückweisung kaum etwas mit der eigenen Person zu tun hat, sondern mit der Stimmung und den Wünschen und Vorstellungen des anderen.

Sie müssen einen Korb nicht persönlich nehmen, denn die andere Person kennt Sie gar nicht und kann daher gar nicht Sie persönlich ablehnen. Sie möchte nur auf das Angebot des Kennenlernens und Spaß habens verzichten.

Machen Sie sich klar, dass auch Sie jemand sind, der andere fortwährend ablehnt: Jeder Blickkontakt, den Sie aus Schüchternheit oder Verlegenheit abgebrochen und nicht wieder aufgenommen haben, war eine Ablehnung für den anderen.

Jedes Flirtsignal, dass Sie nicht zum Anlass genommen haben, auf den anderen zuzugehen und Kontakt aufzunehmen, weil Sie sich unsicher waren oder nicht wussten, was Sie sagen sollen, war eine Ablehnung für den anderen.

Selbst wenn die andere Person Ihnen gefallen hat – wenn Sie aus Schüchternheit nichts erwidert oder unternommen haben, um den Kontakt zu intensivieren, war das aus der Sicht Ihres Gegenübers eine Ablehnung. Sie lehnen also fortwährend und immer wieder andere Menschen ab. Haben Sie das schon mal so gesehen?

Stellen Sie sich die Frage: Will ich wirklich dieser Mensch sein, der so viel Angst davor hat, einen Fehler zu machen, dass er Menschen ablehnt, die ihm sympathisch und attraktiv erscheinen?

Druck rausnehmen durch Alternativ-Fragen

Nehmen Sie Kontakt zu einer anderen Person auf, können Sie eine „Ausstiegsalternative" anbieten. Zum Beispiel: „Sind Sie noch mit jemandem verabredet **oder** darf ich Sie zu einem Kaffee einladen?" So kann die andere Person bei „Nichtinteresse" oder einer tatsächlichen Verabredung mit einem „Danke, ich bin schon verabredet" reagieren und Sie haben sich nicht blamiert.

Wünschen Sie einen schönen Tag oder Abend und ziehen Sie sich elegant aus der Affäre. Mit etwas Glück bringt das sogar Pluspunkte und führt am Ende doch noch „zum Erfolg"! Eine freundliche Reaktion auf einen Korb und ein Rückzug mit einem Lächeln und erhobenen Hauptes schafft Pluspunkte. Und wer weiß: Manchmal verändert das sogar die Situation.

Gerade bei Frauen kommt es häufig vor, dass sie, wenn sie von einer Ansprache zu sehr überrascht werden, zunächst lieber ablehnen und sich hinterher ärgern. Startet der Mann tatsächlich einen netten Zweitversuch oder fragt nach, was er falsch gemacht hat, zeigen sich die meisten Frauen doch interessiert, weil es ihnen unglaublich imponiert, dass dieser Mann ihretwegen tatsächlich das Risiko ein zweites Mal eingeht. Zumindest können Sie so im schlechtesten Falle die Gründe für den Korb in Erfahrung bringen. Glauben Sie mir: Die meisten davon haben rein gar nichts mit Ihnen zu tun!

AUF DIE PLÄTZE, FERTIG ... FLIRT!

Machen Sie sich stets bewusst: Der Schlüssel zum Erfolg liegt bei Ihnen selbst. Wenn Sie davon überzeugt sind, dass Sie ein Mensch sind, den man kennenlernen sollte, wenn Sie entspannt sind, anderen Menschen gerne ein gutes Gefühl geben und gerne Spaß haben, dann strahlen Sie eine positive Grundstimmung aus.

Wenn Ihr Wunschflirtpartner nicht offen oder nicht bereit ist, haben Sie sich nichts vorzuwerfen. Natürlich können Sie immer noch geübter werden, Ihre Ausstrahlung kann sich verbessern, Ihre Art auf Menschen zuzugehen und selbstverständlich lernen Sie nach und nach, Situationen und die Möglichkeiten der ersten Ansprache richtig zu nutzen. Doch genau darin liegt der Unterschied zwischen Ihrem alten und Ihrem neuen Selbst: Heute machen Sie sich nichts mehr daraus, dass der Flirtversuch hätte besser verlaufen können – Sie machen etwas, Sie trauen sich. Und das ist der richtige Ansatz.

In den letzten Jahren meiner Arbeit als Flirtcoach und Trainerin habe ich im Laufe der vielen Trainings festgestellt, dass letztlich kein Mensch tatsächlich gerne alleine ist. Phasenweise sicherlich. Aber im Grunde wünschen sich alle Menschen jemanden, der sie liebt und zu ihnen passt.

Es könnte alles ganz einfach sein

Betrachtet man die Sachlage aus dieser Perspektive, dann müsste doch eigentlich alles ganz einfach sein. Jeder möchte gerne jemanden kennenlernen. Also sollten wir so viele Menschen kennenlernen wie möglich, um den oder die „Richtige" für uns zu finden. Wir sollten daher alle offen aufeinander zugehen, denn es hätte für jeden nur Vorteile, oder?

Nun, ganz so einfach – das haben Sie auch schon gemerkt –, ist es nicht. Schließlich ist man sich dieser Tatsache nicht jederzeit bewusst. Und es gibt ein paar Störfaktoren:

Viele Menschen können eben nicht offen sein oder möchten sich nicht auf einen Flirt einlassen, weil sie: schüchtern, ängstlich, misstrauisch oder unsicher, wählerisch, abgelenkt, unaufmerksam oder „zu blöd", zu faul oder bereits in einer Partnerschaft sind.

Diese Punkte sind immer und in jeder Beziehung die Flirtverhinderer, machen Sie sich das bewusst. Sie selbst waren in Ihrer Vergangenheit auch durch einen oder mehrere dieser Störfaktoren behindert. Sehen Sie es anderen Menschen nach, dass sie ebenfalls genau an diesen Störfaktoren leiden. Doch Sie selbst haben die Möglichkeit, diese Störfaktoren zu beseitigen. Ihre Offenheit, Ihre Neugier, Ihr Interesse an anderen Menschen und Ihr Wissen verschafft Ihnen den Vorsprung, der Menschen dazu einladen wird, mit Ihnen zu flirten und Sie gegebenenfalls kennenlernen zu wollen.

Flirten mit AIDA

Die **AIDA**-Formel weist Ihnen den einfachen Weg zum perfekten Flirt:

Attention: Sorgen Sie für Aufmerksamkeit. Seien Sie präsent und im Hier und Jetzt. Machen Sie sich bewusst, dass es gut und positiv ist, aufzufallen. Nur wenn Sie anderen Menschen auffallen, haben Sie auch die Chance auf einen Flirt. Schauen Sie nicht länger auf den Boden, wenn Sie einen Raum, die Straße oder eine andere Situation betreten, sondern sehen Sie den Menschen freundlich ins Gesicht. Das macht Ihr Gegenüber aufmerksam auf Sie.

Interest: Entwickeln und zeigen Sie Interesse an anderen Menschen und man wird Interesse an Ihnen haben. Wecken Sie das Interesse anderer Menschen, indem Sie etwas von sich zeigen. Im Kapitel über Flirtsignale haben Sie gelernt, Interesse bei anderen Menschen erkennen zu können. Werden Sie sich darüber bewusst, dass viele Menschen genauso passiv und abwartend sind, wie Sie selbst es vielleicht einmal waren. Die Menschen suchen oft genug bei Ihnen nach Zeichen, bevor sie selbst welche senden.

Desire: Wecken Sie in anderen Menschen die Neugierde auf Sie. Sie müssen sich nicht aufdrängen und auch nicht verstellen. Machen Sie sich klar: Sie möchten für die Menschen interessant und begehrenswert sein, die zu Ihnen passen. Wenn ein Mensch mit Ihnen nichts anfangen kann, ist er eben nicht der Richtige.

Action: Wenn Sie Zeichen von Interesse und Neugier senden und empfangen, können Sie handeln. Ein Flirt ist fast an jedem Ort möglich und mit dem gewissen Fingerspitzengefühl werden Sie in Zukunft eine Menge schöner Erlebnisse gestalten. Mit jedem Erfolg werden Ihre Laune und damit auch Ihr Selbstvertrauen steigen und auch das wird man Ihnen ansehen. Damit macht Sie jeder Flirt, den Sie gewagt haben, sozusagen ganz automatisch auch attraktiver.

Kleine Schritte bringen Sie vorwärts

Viele Menschen sind völlig überfordert, wenn sie plötzlich in einer möglichen Flirtsituation sind und blockieren sich mit dem Gedanken, was von Ihnen erwartet wird oder was sie sagen könnten. Machen Sie diesen Fehler nicht mehr, sondern gehen Sie in kleinen Schritten vorwärts:

Wenn Sie Ihr Gegenüber anschauen und sich denken „Hey, Du siehst nett aus!", dann haben Sie einen sehr attraktiven Gesichtsausdruck, den auch Ihr Gegenüber bemerken kann. Damit haben Sie schon viel gewonnen, denn Ihr Gegenüber hat ja auch einen Eindruck von Ihnen, ohne dass Sie etwas gesagt haben.

Wenn Sie auf jemanden zugehen, dann müssen Sie die Person nicht zwangsläufig direkt ansprechen: Sie können auch erst mal zeigen, dass Sie aufgeschlossen und freundlich sind und dann einfach weitergehen. Machen Sie zum Beispiel eine kurze Bemerkung, ein Kompliment („Hey, schickes T-Shirt!") oder einen Scherz quasi im Vorbeigehen oder beginnen Sie ein ganz kurzes Gespräch - bitten Sie um Hilfe, eine Empfehlung oder bieten Sie diese an - und gehen Sie dann direkt weiter. Wenn diese Begegnung angenehm war, ist es danach viel leichter, erneut Blickkontakt aufzubauen und daraufhin „richtig" in Kontakt zu kommen.

Tipps für Männer

Bedenken Sie immer, dass Frauen häufig eine Mischung aus misstrauisch und wählerisch sind. Das sind die Knackpunkte, die Sie überwinden müssen. Es kann sehr hilfreich sein, der Frau etwas Spielraum zu geben – Sie müssen das AIDA Prinzip nicht innerhalb von 5 Minuten abspulen.

Die meisten Frauen sind neugierig – ich habe kaum eine getroffen, die das bestritten hätte. Nutzen Sie zukünftig die Neugier der Frauen für Ihre Flirts – das ist ein Erfolgsrezept.

Flirten à la Hollywood

In dem Film „Hitch – der Datedoktor" gibt Will Smith alias Hitch ein sehr gutes Beispiel dafür: Die Frau, die er attraktiv findet, wird in einer Bar von einem Mann „angebaggert". Er bemerkt, dass ihr das unangenehm ist, geht auf die beiden zu und begrüßt die ihm noch Fremde mit den Worten: „Hallo Schatz, bitte entschuldige, ich habe es nicht früher geschafft."

Ganz lässig begrüßt er auch den „Anmacher" und stellt sich als ihr Mann vor. Der verschwindet daraufhin. Hitch und die Frau führen ein kurzes, aber durchaus prickelndes Gespräch darüber, dass sie jemand ist, der nicht angebaggert werden möchte – sie signalisiert ihm allerdings schon, dass er Chancen hätte.

In dem Moment, in dem jeder Zuschauer denkt „Ha! Jetzt hat er sie!", streicht er die Segel und verabschiedet sich. Sie ist fassungslos und wundert sich, doch als er die Bar verlässt, serviert der Kellner ihr ihren Lieblingsdrink, den Hitch vorher an der Bar erfragt und für sie bestellt hat.

Der Effekt ist, dass er Eindruck hinterlassen hat: Er hat ihr gezeigt, dass er sie attraktiv findet, hat sie vor einem nervigen Typen bewahrt, ihren Lieblingsdrink für sie bestellt – aber er hat es „nicht nötig". Er hat die Bar verlassen, ohne etwas von seinem „Einsatz" zu haben. Das imponiert ihr und macht sie ... na? Genau: neugierig! Sie will unbedingt wissen: Wer ist dieser Typ?! Und ist ab diesem Moment „hinter ihm her".

Frauen fühlen sich angezogen von Dingen, die ungewöhnlich sind. Der amerikanische „Pick-up Artist" Mystery zeigt anderen Männern, wie man mit simplen Tricks Frauen ins Bett kriegt. Mystery setzt sehr stark auf diese Komponente weiblichen Denkens. Wenn er abends auf die Piste geht, lackiert er sich die Fingernägel schwarz, zieht Neoprenjacken an und klebt sich Kussmund-Rubbel-Tatoos an den Hals. Warum? Weil das ungewöhnlich ist. Die Frauen, die ihn sehen, werden denken: „Was ist das denn für ein Typ?!", aber sie werden ihn beachten – und schon ist er im Spiel.

Sie müssen nicht „besonders lieb" sein, um eine Frau für Sie zu interessieren – Sie sollten besser die Neugier der Frau wecken und dafür sorgen, dass sie sich gut amüsiert. Das ist deutlich erfolgreicher!

Wagen Sie etwas!

Unter meinen Freundinnen hat sich einmal der Spruch „Na, der hätte mich auch mal verdient" eingebürgert, wenn es um einen attraktiven Mann geht. Denken Sie mal darüber nach: Keine Frau möchte einen Mann kennenlernen, der „es nötig hat". Sie möchte einen haben, der sie verdient hat. Je waghalsiger oder mutiger Ihr Auftritt ist, desto höher steigt Ihr Wert in den Augen der Frau. Flirten ist ein Spiel und wie in jedem Spiel steigt der Gewinn mit dem Einsatz ...

Und zu guter Letzt noch ein Satz aus dem oben zitierten Film: „Keine Frau der Welt steht morgens auf und sagt zu sich: ‚Hoffentlich werde ich heute nicht im Sturm erobert!'"

Tipps für Frauen

Das größte Problem beim Flirten mit Männern ist tatsächlich, dass sie oft unsere (für sie) zu subtilen Signale nicht erkennen beziehungsweise deuten können. Machen Sie sich bewusst, dass jeder Mann durchaus gerne mit Frauen in Kontakt kommt, aber dass es für einen Mann kaum eine Art „unverbindlichen Kontakt" gibt. Wenn ein fremder Mann sich mit Ihnen auf einer Feier eine Stunde lang unterhält, macht er das nicht, weil ihm sonst langweilig gewesen wäre.

Sollten Sie im Laufe eines Flirts herausfinden, dass der Mann seinem ersten Eindruck nicht gerecht wird, verabschieden Sie ihn. Das ist in Ordnung. Er wird drüber hinwegkommen. Nach ungefähr fünf Minuten.

Machen Sie es einem Mann jedoch auch nicht zu leicht. Viele Männer sagen, sie wünschen sich, auch mal von einer

Frau angesprochen zu werden. Wenn Frauen jedoch so auf Männer zugehen, wie manche Männer auf Frauen zugehen, schlagen sie diese entweder genau damit in die Flucht oder kommen an als wären sie ein Flittchen. Nicht gerade ein schöner Einstieg.

Den Jagdinstinkt herausfordern

Die meisten Männer haben nach wie vor das Jäger- und das Beschützer-Prinzip in ihren Instinkten. Nutzen Sie diese. Ein Teilnehmer des Flirttrainings sagte sehr treffend: Ein Flirt mit einer Frau sollte für mich auch etwas Herausforderndes sein. Wenn ich als Jäger im Wald auf Wild lauere, will ich ja auch nicht, dass das Reh sich vor meine Flinte wirft und ruft: „Nun schieß doch endlich, du Idiot!"

Balance ist also das Thema: Interesse signalisieren, ein Gespräch anbahnen, aber nicht überfallen. Wenn es zu einfach ist, ist es nichts wert. Männer unterstellen lustigerweise den Frauen, dass sie sich jedem Mann gegenüber so verhalten würden, wie ihm. Wenn Sie also auf den Mann Ihrer Träume zugehen und sagen „Na Kleiner, hast du Bock auf Schweinereien?" (geliehen aus dem Song „Jein" der Hamburger Band „Fettes Brot"), dann wird er glauben, Sie machen das jeden Abend so: Vermutlich wird er Sie nach dem Preis fragen ... autsch!

Dennoch sind die meisten Männer, selbst die vergebenen, einem Flirt nicht abgeneigt.

Flirten mit „vergebenen" Männern

Viele Singlefrauen erzählen mir, dass Sie immer nur verheiratete bzw. vergebene Männern kennenlernen und keine Partner aber jede Menge Affären haben könnten. Das kann auf Dauer sehr frustrierend sein.

Machen Sie sich bitte klar: Ein vergebener Mann hat nichts zu verlieren, wenn er mit Ihnen flirtet. Er kann sehr viel sicherer bestimmen, ob Sie „auf der Suche" sind, weil er nicht von seiner eigenen Bedürftigkeit abgelenkt ist. Wenn er bei Ihnen nicht landen kann, macht das ja nichts. Ein Singlemann wird in der Regel zurückhaltender sein, gerade wenn Sie ihm besonders gut gefallen – er will nichts falsch machen und ist daher vielleicht zu vorsichtig. Es lohnt sich also, zweimal hinzuschauen.

Wenn Sie bisher grundsätzlich sehr schüchtern sind, kann das Flirten mit „vergebenen" Männern allerdings sehr hilfreich sein, um mehr Übung zu bekommen. Viele Männer sind aufgeschlossen für einen kleinen Flirt, weil er auch ihr Ego stärkt und sind nicht böse darüber, wenn aus dem Flirt dann eben nicht mehr wird.

Ansprechend ansprechen

Wie Sie inzwischen gemerkt haben, beginnt ein Flirt deutlich vor dem ersten Wort oder dem ersten Satz. Erinnern Sie sich daran, dass der erste Eindruck nur zu sieben Prozent aus dem „was sie sagen" besteht. Kümmern wir uns also nun um diese sieben Prozent.

Schließlich geht es jetzt nur noch darum, das letzte Eis zu brechen, und von der Zeichensprache in die gesprochene Sprache zu wechseln. Viele Klienten berichten mir, dass sie Angst hätten vor dem ersten Satz oder dass dieser erste Satz ihnen schwer fiele. Ich allerdings habe festgestellt, dass der erste Satz überhaupt nicht schwierig ist.

Er kann lauten: „Hallo, wie heißt du?"

Finden Sie das schwer? Ich auch nicht.

Sagen Sie es laut: „Hallo, wie heißt du?"

Jeder kann das sagen. Deshalb sollte es doch für Sie nach Ihren bisherigen Erfahrungen überhaupt kein Problem sein.

Schwierig wird es erst danach. Hier gebe ich Ihnen eine Auswahl an weiteren Möglichkeiten für die erste Ansprache:

Alternativfragen stellen

Wenn ein bisher unbekannter Mensch uns direkt anspricht und eine Frage stellt, sind wir meist zunächst etwas überfordert. Da wir den Menschen nicht kennen, tendieren wir daher eher zu „Nein" als zu einem „Ja". Jeder Vertriebsmitarbeiter lernt in Vertriebstrainings, wie er einen Kunden dazu bekommt, ihm einen Termin zu geben: Er fragt nicht direkt: „Kann ich mal bei Ihnen vorbei kommen?", sondern er sagt: „Ich würde Ihnen das gerne mal vorstellen. Wann passt es Ihnen besser: – am Mittwoch oder am Donnerstag?" Mit diesem simplen kleinen Trick beginnt das Hirn darüber nachzudenken, ob ich Mittwoch oder Donnerstag Zeit habe und nicht, ob ich diesen Menschen überhaupt sehen möchte. Genau dieses Prinzip können wir uns auch zunutze machen. Die Alternativfrage bietet im Flirt zwei Spielarten an:

Zum einen: Wenn ich mir nicht ganz sicher bin, ob ich bei der Person wirklich willkommen bin, kann ich die Möglichkeit eines Korbes und den Grund dafür gleich mit in die Frage einschließen. Bekomme ich dann tatsächlich einen Korb, tut der nicht weh – denn ich habe ja die Gründe dafür bereits selbst genannt.

Also zum Beispiel:

Bist du noch verabredet **oder** darf ich mich zu dir setzen?

Hast du es sehr eilig **oder** würdest du noch einen Kaffee mit mir trinken?

Wird das ein Männer-/Frauenabend **oder** könnt ihr noch etwas Gesellschaft vertragen?

Die andere Möglichkeit ist, zwei Alternativen vorzuschlagen, die beide positiv für mich sind. Zum Beispiel:

Hast du Lust zu tanzen **oder** trinken wir was zusammen?

Sehen wir uns nächste Woche wieder hier **oder** soll ich dich anrufen?

Hast du Lust ein Stück spazieren zu gehen **oder** magst du einen Kaffee mit mir trinken?

Das ist leicht manipulativ, soll aber dem Flirtpartner nur ein gutes Gefühl und einen weichen Einstieg geben. Will die andere Person wirklich nicht angesprochen werden, sagt sie auch bei einer Alternativfrage Nein. Die Chance auf eine Wahl der Alternativen steigt jedoch drastisch, wenn ich sie überhaupt erst einmal anbiete.

Einstiegsfragen stellen

Wenn es lediglich darum geht, ein Gespräch zu eröffnen, bietet sich eine Frage an, die zur Situation passt. Es gibt deutlich bessere Fragen als „Bist du öfter hier?" oder „Hast du mal Feuer?" Zum Beispiel könnten Sie fragen: „Wie gefällt es dir hier?" oder „Was machst du, wenn du nicht gerade – was immer Ihr Gegenüber gerade tut – machst?"

Gut sind vor allem offene Fragen, die das Gegenüber nicht einfach nur mit Ja oder Nein beantworten kann, sodass sich zwangsläufig ein Gespräch entwickelt. Nehmen Sie Bezug auf die Antwort und erzählen Sie, wie es Ihnen damit geht.

Hilfe oder eine Empfehlung erbitten oder anbieten

Jemanden um Hilfe oder um eine Empfehlung zu bitten, ist ebenfalls ein sehr schöner und weicher Einstieg in ein Gespräch. Sehr charmant kann es sein, wenn sich im Laufe des Gesprächs herausstellt, dass Sie die Hilfe gar nicht nötig gehabt hätten.

Sie müssen sich dafür auch nichts Besonderes einfallen lassen. Möglichkeiten, um Hilfe oder eine Empfehlung zu bitten, gibt es reichlich: im Supermarkt, in einer Bar, auf der Straße, in der Kantine. Gerade bei der Bitte um eine Empfehlung haben Sie den Joker, dass Sie dem Gesprächspartner damit noch ein unterschwelliges Kompliment machen, nämlich dass Sie ihn für kompetent genug halten, eine solche Empfehlung abgeben zu können.

Das Anbieten von Hilfe lässt Sie zunächst natürlich hilfsbereit, aber auch „harmlos" wirken. Umso schöner, wenn das Gegenüber nach einer gewissen Zeit merkt, dass Sie viel mehr sind als das.

Liebe Männer: Viele Frauen haben sich durch die Zeichen der Emanzipation eine Art „Danke, ich schaff das selbst"-Verhalten angewöhnt. Schließlich will man als emanzipierte Frau von heute nicht auf einen Mann – noch dazu einen fremden – angewiesen sein. Vertrauen Sie mir: Auch diese Frauen sehnen sich nach einem Gentleman. Bleiben Sie stark und nehmen Sie die Aussage der Frau für einen kurzen Moment einfach nicht ernst. Sehr charmant ist der freundlich gesprochene Satz: „Ich sehe, dass du dass selbst kannst – lass dir helfen!". Davon werden die meisten Frauen weiche Knie bekommen.

Auch eine Empfehlung kann ein absolutes Zaubermittel sein: Mir hat mal in einem Supermarkt ein Mann einen Joghurt empfohlen, weil ich etwas unschlüssig vor dem Kühlregal stand. Er griff einfach hinein, nahm einen bestimmten Becher in die Hand, hielt ihn mir unter die Nase und sagte: „DEN würde ich nehmen, der ist sehr gut!" Ich war baff. Denn in dieser simplen Aussage steckte einiges, das mich neugierig machte:

Du siehst aus, als suchst du was Gutes.

Ich weiß, was gut ist.

Ich will dir weiterhelfen.

Ganz besonders charmant daran war, dass der Herr anschließend nicht vor mir stehen blieb, um auf meine Reaktion zu warten oder überhaupt eine zu erhalten, sondern den Joghurt in seinen Wagen stellte und vergnügt davon ging. Das machte mich ... na? Richtig: neugierig.

Sie glauben ja nicht, wie oft man sich in einem Supermarkt „zufällig" über den Weg laufen kann.

Ein Kompliment machen

Mit den Komplimenten ist das so eine Sache. Gerade Frauen können da unter Umständen seltsam reagieren, vor allem wenn sie von einem Fremden ein Kompliment bekommen, das sie bereits zigmal und vor allem zigmal als Einstieg für eine Anmache gehört haben.

Wenn zu mir ein Mann sagt: „Hat dir schon mal jemand gesagt, dass du wunderschöne Augen hast?", dann wird er von mir leider nur Spott ernten – schließlich habe ich diese

Augen schon mein ganzes Leben lang. Und muss mich sehr wundern, wie jemand auf die Idee kommen kann, dass er der Erste ist, dem das auffällt …

Wenn Sie Komplimente machen, dann sollten diese natürlich stets authentisch und glaubwürdig sein. Wenn sie nicht gemacht werden, um eine bestimmte Reaktion zu erzielen, wenn sie „von Herzen" kommen, wird Ihr Gegenüber das merken. Gut ist es, ein Kompliment zu machen, das

a) der andere nicht erwartet oder er für etwas „gelobt" wird, das ihm selbst noch gar nicht bewusst war;

b) etwas lobt, worauf der andere selbst auch stolz ist, denn genau dafür möchte er ja auch „gelobt" werden.

Liebe Frauen: Wir Frauen sind es gewohnt, uns gegenseitig Komplimente zu machen und auch welche von Männern zu erhalten. Bei den Männern hingegen sieht das ganz anders aus. Ein Kompliment hat daher bei einem Mann ein völlig anderes Gewicht als bei uns. Das kann durchaus dazu führen, dass ein Mann irritiert ist, wenn man ihm ein Kompliment macht, ganz einfach weil er es nicht gewohnt ist. Doch seien Sie versichert, wenn diese anfängliche Irritation sich gelegt hat und der Mann diesen Moment überwunden hat, wird er sich freuen. Und er wird Sie kennen lernen wollen.

Gemeinsamkeiten erkennen und ansprechen

Es gibt bestimmte Gruppen von Menschen, die sich – ganz egal, wo auf der Welt – zusammenfinden und ganz offen und locker aufeinander zugehen können. Zwei Menschen, die sich noch nie gesehen haben, beginnen einfach so eine Plauderei – völlig unabhängig von Alter, Herkunft, Geschlecht und Attraktivität. Wie kommt das? Der Schlüssel heißt: Gemeinsamkeit. Menschen, die etwas tun oder einem Kreis angehören, der sie von allen anderen unterscheidet – zum Beispiel Segler, Motorradfahrer, Taucher und so weiter – verbindet ihr Interesse und ihre Leidenschaft miteinander.

Unsere Instinkte, also wieder unser Steinzeit-Reptiliengehirn, ist darauf trainiert, dass Fremde erst mal potenzielle Feinde sind. Andere Stammesmitglieder jedoch sind Freunde. Gehöre ich also einer gewissen Gruppe Menschen an, sagen wir also mal den Motorradfahrern, dann fühlt unser Reptiliengehirn sich an genau dieses Gefühl vom „Stamm" erinnert. Wir sind gleich, wir gehören zusammen, also muss ich mich vor dir nicht in Acht nehmen, du bist freundlich.

Gemeinsamkeiten schaffen Vertrauen. Und dieses Vertrauen kann Sie in Sachen Flirten sehr erfolgreich machen, denn Sie können auch kleine Gemeinsamkeiten nutzen und kommunizieren, um Ihrem potenziellen Flirtpartner zu bedeuten: Wir sind gleich, wir haben eine Gemeinsamkeit, du kannst mir vertrauen.

Das kann auch so etwas Einfaches sein wie: Wir finden beide gerade dasselbe Lied gut, wir besuchen dieselbe Ausstellung, haben dasselbe Essen bestellt und so weiter. Sprich: Wir haben beide einen guten Geschmack ...

Kommentare fallen lassen

Manchmal ergibt es sich nicht, dass man Fragen stellen oder Gemeinsamkeiten betonen kann. Oder aber Sie sind sich vielleicht nicht sicher, ob der andere tatsächlich Interesse an einem kleinen Flirt oder einem Gespräch mit Ihnen hat. Eine gute Möglichkeit ist, einfach das zu kommentieren, was gerade da ist, und damit eine „Einladung" zu einer Erwiderung abzugeben.

Wenn zum Beispiel im Café am Nachbartisch eine interessante Person sitzt, könnten Sie einfach, ohne die Person direkt anzusehen, etwas kommentieren wie zum Beispiel „Die Kellnerin scheint heute etwas überfordert zu sein." Möglicherweise steigt Ihr Nachbar darauf ein und erwidert etwas, und schon haben Sie einen Ansatz für ein Gespräch. Wenn nicht, ist es auch nicht weiter tragisch, Sie haben nichts verloren.

Dieser Einstieg ist eine schöne Taktik für Frauen, wenn Sie einen Mann nicht direkt ansprechen wollen, und er gar nicht merken soll, dass Sie das Gespräch eigentlich begonnen haben. Stellen Sie eine Aussage in den Raum und schauen Sie, ob er sie aufgreift. Dann wird er das Gefühl haben, er hätte das Gespräch begonnen. Tut er das nicht, ist er vielleicht ein wenig schwer von Begriff oder möchte sich nicht mit Ihnen unterhalten. Beides sind gute Gründe, ihn nicht kennenzulernen ...

Den eigenen Humor zeigen

Frechheit siegt, heißt es immer so schön. Daran ist viel Wahres, vor allem beim Flirten. Oft ist es so, dass die frechsten und direktesten Dinge am besten ankommen. Ganz klar: Das Gegenüber denkt „Wow, wer sich so was traut, der muss ja Mut haben!" Und Mut ist eine Eigenschaft, die den meisten Menschen sehr imponiert. Schon alleine deshalb wecken Sie damit das Interesse und die Neugier auf Ihre Person.

Gerade über Humor lässt sich viel machen. „Wenn die Frau lacht, hast du den Fuß schon in der Tür!", sage ich gerne zu meinen männlichen Teilnehmern – allerdings ist auch dabei Vorsicht geboten: Es muss trotzdem klar sein, dass Sie ein Mann sind, kein Clown! Machen Sie sich also nicht zum Hanswurst, sondern geben Sie der Frau mit Humor und Charme zu verstehen: „Ich mag es, wenn du lachst, und glaube mir, mit mir kann man noch ganz anderen Spaß haben." Das ist sexy!

Der Einsatz des eigenen Humors hat noch einen weiteren Vorteil: Ein Freund von mir, ein richtiger „Quatschkopf", der gerne herumalbert, spricht Frauen in Kneipen auch ganz gerne mal mit Sätzen wie „Na, du Birne!?" an. Das findet sicher nicht jede Frau lustig, aber eine, die das nicht lustig findet, möchte er auch gar nicht kennenlernen. „Was nützt es mir, wenn ich mich verstelle, um eine Frau kennenzulernen, bei der ich dann nach drei Wochen feststelle, dass sie gar nicht mit mir kann, weil sie mit meinem Humor nicht zurechtkommt." So ist die Art der Ansprache, die Sie wählen, auch gleichzeitig ein „Sortierkriterium".

Machen Sie sich also weniger Gedanken darum, was der anderen Person gefallen könnte, sondern was Ihnen und Ihrer Art entspricht!

Ehrlich und „geradeaus" sein

Was würden Sie denken, wenn Sie mit einem Menschen Blickkontakt hätten, und er käme auf Sie zu und würde sagen: „Ich finde dich sympathisch und würde dich gerne kennenlernen!"? Ja, das ist sehr direkt – aber doch auch sehr schmeichelhaft, oder? Wer sich so was traut, hat Selbstvertrauen und zeigt echtes Interesse.

Frechheit siegt

Mich hat mal ein Mann angesprochen mit der Frage: „Sag mal, hast du ne Waschmaschine?" Ich war total verblüfft. „Äh, ja – warum?" Er antwortete „Ich wollte halt mal was anderes sagen, was sagt man denn? Bist du öfter hier oder hast du mal Feuer ist doch doof. Wie heißt du?" Ich war schwer beeindruckt.

Ich bin immer wieder erstaunt und freue mich, wenn Teilnehmer meiner Seminare bei ihren „Rausaufgaben" selbst solche „Strategien" entwickeln. Hier einige zur Auswahl:

Sarah sprach einen Mann in der U-Bahn an mit „Hey, hast du gerade was gesagt?"

Er: „Nein, wieso?"

Sie: „Schade!"

Er war etwas verwirrt, aber sie schenkte ihm ein verschmitztes Lächeln, und er verstand.

Dana ging vor dem Kölner Hauptbahnhof an einem Mann vorbei, lächelte ihn an und sagte: „Warte mal!" Als er stehen blieb, gab sie ihm einfach ein Küsschen auf die Wange.

Stefan und Markus setzten sich in einem Café neben einen Tisch voller hübscher Mädchen und rutschten im Minutentakt mit ihrem Tisch zentimeterweise an den Mädchentisch heran, bis sie „andockten", und fragten dann ganz keck „Hallo, was macht ihr denn hier an unserem Tisch?"

Holger spielte das „Wortkettenspiel" mit einer Frau: Mein Tipp war, einfach „hey" zu sagen, wenn einem nichts Besseres einfällt. Das kann man dann beliebig ausführen, und wenn der andere auf ein „Hey" nicht reagiert, ist es auch in Ordnung.

Holgers Variante war:

Er: Hey!

Sie: Hey was?

Er: Hey, was machst du?

Sie: Wie bitte?

Er: Na, du musst den Satz weiter machen! Also: Hey, was machst du?

Sie (lacht): Hey, was machst du hier mit mir?

Er (lacht): Gut, wie heißt du?

Dies ist eine Auswahl an Möglichkeiten und ein paar Beispiele, wie man andere ansprechen kann. Muten Sie sich am Anfang nicht zu viel zu, aber mit der Zeit werden Sie Übung bekommen und herausfinden, was Ihre Lieblingsmethoden sind. Wann haben Sie aufgehört zu spielen? Wissen Sie das noch? Vielleicht haben Sie es einfach vergessen... Fangen Sie wieder an!

Sehr wirkungsvoll sind auch Kombinationen der Möglichkeiten, also zum Beispiel eine direkte Ansprache mit einem Kompliment zu verbinden. Wie etwa:

„Du hast mich gerade so nett angelächelt – da trau ich mich einfach mal. Ich würde dich gerne kennenlernen. Wie heißt du?"

Einen Kommentar mit dem eigenen Humor zu verbinden, ist auch immer eine schöne Einladung und zeigt Ihnen ganz schnell, ob Ihr potenzieller Flirtpartner tatsächlich hält, was der erste visuelle Eindruck verspricht. Ich sagte zum Beispiel in einem sehr kalten Frühjahr an der Bushaltestelle gerne: „Wo ist denn diese blöde globale Erwärmung, wenn man sie mal braucht!" Manche Menschen reagierten gar nicht, andere klärten mich über globale Erwärmung auf, wieder andere verstanden den Witz und flirteten mit mir – damit uns etwas wärmer würde ...

Ganz gleich, was Sie ausprobieren. Denken Sie immer daran: Es sollte in erster Linie darum gehen, dem anderen ein gutes Gefühl zu geben. Denn wenn Sie das schaffen, wird dieses Geschenk immer wieder zu Ihnen zurückkommen!

Die besten Strategien für jede Situation

Zu einem gelungenen Flirt gehört, Gelegenheiten zu erkennen und sie zu nutzen, aber noch wichtiger: auch der Mut und das Bewusstsein, Gelegenheiten schaffen zu können! Auch Sie waren früher eher passiv und hätten sich gewünscht, dass Ihr Gegenüber die Initiative ergreift. Ergreifen jetzt Sie die Initiative!

Haben Sie sich früher häufig über verpasste Chancen geärgert? Dann machen Sie Schluss damit! Nicht jeder Mensch wird auf einen Flirt eingehen. Aber Sie haben sich ab sofort nie mehr vorzuwerfen, dass Sie eine Chance vertan haben. Das Leben ist zu kurz, um sich über verpasste Chancen zu ärgern!

In meinen Trainings passiert es immer wieder, dass Teilnehmer gute Flirts hatten, dies aber gar nicht so wahrnahmen, weil sie sich wünschten, dass der Flirt noch weiter gegangen wäre, als es der Fall war. Machen Sie sich frei von allzu großen Erwartungshaltungen: Genießen Sie einfach, was passiert – ein Flirt ist kein Versprechen!

Denken Sie nicht an ein bestimmtes Endziel, sondern freuen Sie sich über jedes Feedback, das Sie bekommen haben. Vielleicht geht es danach weiter – vielleicht auch nicht.

Ich flirte ebenfalls nach wie vor sehr gerne, aber mein Mann würde es sicher nicht schätzen, wenn ich mich auf ein Treffen mit einem wildfremden Mann einließe. Und auch ich habe kein Interesse daran. Trotzdem genieße ich jeden noch so kleinen Flirt, jedes Lächeln, jeden Wortwechsel, jedes Kompliment. Dass es danach nicht weitergeht, ist nicht die Schuld oder das Unvermögen meines jeweiligen Flirtpartners und es liegt auch nicht an mangelnder Attraktivität. Es liegt lediglich daran, dass ich kein Bedürfnis habe, Flirtbekanntschaften falsche Hoffnungen zu machen.

Halten Sie Ausschau nach Spaß und Möglichkeiten für kleine „Flirtepisoden“. Programmieren Sie sich selbst auf „Flirt“, und Sie werden merken, dass es Ihnen nicht an Gelegenheiten mangelt und Sie selbst diese immer wieder schaffen können.

Ein kleines Spiel, das ich selbst manchmal spiele, macht Ihnen bewusst, wie einfach das sein kann:

Das Lächel-Spiel

An manchen Tagen nehme ich mir vor, dass ich heute jedem Menschen, dem ich begegne, ein Lächeln entlocken möchte. Für jedes Lächeln, das ich auf das Gesicht eines Menschen zaubere, gebe ich mir einen Punkt. Bei besonders „schweren Fällen" auch zwei. Ein schwerer Fall ist vielleicht zum Beispiel die Mitarbeiterin hinter der Ladentheke drei Minuten vor Ladenschluss. Der schwierigste Fall, den ich je hatte, war eine Mitarbeiterin einer Fast-Food-Kette an einer Autobahnraststätte: Dafür gab ich mir dann feixend drei Punkte, weil die Kunden nach mir erfreulicherweise auch deutlich freundlicher von der Angestellten bedient wurden.

Um andere Menschen zum Lächeln zu bringen, sollte Ihnen jedes Mittel recht sein. Meist genügt es, wenn Sie selbst einfach freundlich lächeln, manchmal ist es eine scherzhafte Bemerkung, ein kleines Kompliment, eine freundliche Begrüßung ein Dankeschön oder ein Lob.

Ich glaube, ich habe dieses Spiel unbewusst von meinem Vater übernommen, der ebenfalls einfach gerne Menschen zum Lachen und Lächeln bringt. Unsere Familie war früher oft in einem der ersten Chinarestaurants zum Essen und die Kellnerin blickte stets sehr ernst, fast schon grimmig drein. Der Nachbar meiner Eltern, der häufig in diesem Lokal aß, sagte, dass mein Vater diese junge Frau sicher nicht zum Lächeln bringen würde, da er sie in den letzten Monaten noch nicht einmal eine Miene hatte verziehen sehen. Mein Vater wollte das natürlich nicht auf sich sitzen lassen, und als die Kellnerin das nächste Mal an unseren Tisch kam, sprach er sie schmunzelnd und ganz direkt an: „Mein Nachbar hier sagt, dass Sie nie lachen würden – stimmt das?" Sie schaute verblüfft und dann lachte sie herzlich. Jedes Mal, wenn wir das Lokal besuchten, lächelte sie, wenn sie an unseren Tisch kam. Für unsere Familie gab es in diesem Restaurant seitdem immer kleine Aufmerksamkeiten und Extras zum Essen, was auch meine Mutter sehr amüsierte. Sie war nicht eifersüchtig, denn das einzige was mein Vater getan hatte, war die Grundregel eines Flirts zu befolgen: Locker und spielerisch hatte er einer anderen Person ein gutes Gefühl gegeben.

Unterschiedliche Orte und Situationen haben unterschiedliches Flirtpotenzial und es bedarf einfach manchmal ein wenig Fingerspitzengefühl. Doch fast jeder Ort eignet sich zum Flirten.

Die richtigen Strategien für jeden Ort

Kneipe/Bar/Club

Die Situation abends in einer Kneipe, einer Bar oder einem Club ist wohl die Gelegenheit, die die meisten Menschen als die Beste für einen Flirt benennen. Natürlich geht man aus, um Freunde zu treffen – doch das könnte man doch eigentlich auch zu Hause tun. Natürlich geht man in Konzerte, Clubs und Bars um Musik zu hören, um etwas zu trinken. Aber ist man in einer Bar fast alleine, ist der Abend irgendwie fade. Man kann häufig beobachten, wie Gruppen eine Bar oder einen Club betreten, sich umsehen und – ist die Location leer – lieber woanders hingehen, weil da „nix los" ist. Das ist komisch, denn wenn ich mit Freunden unterwegs bin, habe ich doch eigentlich alle Menschen dabei, die ich brauche, um mich zu amüsieren. Eigentlich. Oder auch nicht. Die bereits beschriebenen flirthinderlichen Zustände wie Angst, Misstrauen, Unsicherheit, Unaufmerksamkeit und Faulheit bestehen am Abend in einem Club oder einer Kneipe ganz genau so wie in jeder anderen Situation auch. Die meisten Menschen sind sich nur häufig nicht bewusst, dass andere die gleichen Ängste haben und und stehen sich damit selbst im Weg.

Wir gehen in Kneipen oder Clubs, um Spaß zu haben und etwas zu erleben. Dies gilt es einzubeziehen in die Überlegung, welche „Strategien" einen Flirt in diesen Situationen erfolgreich werden lassen. Wenn Sie es schaffen, dass andere erkennen können, dass Sie jemand sind, mit dem man Spaß haben oder etwas erleben könnte, haben Sie schon so gut wie gewonnen.

Café/Restaurant

Der Nachteil bei Cafés oder Restaurants ist, dass man sich dort in einer relativ „starren" Situation befindet. Sie sitzen an einem Tisch, sich von dort weg zu bewegen ist auffällig, und Sie fühlen sich und werden vielleicht auch beobachtet. Die Angst vor einem Korb, einem peinlichen Auftritt verstärkt sich dadurch und die „Faulheit" schlägt zu: Es müssen schon sehr eindeutige Signale sein, damit sich das Gegenüber auch tatsächlich eingeladen und willkommen fühlt.

Ich habe einmal eine sehr schöne Situation in einem Restaurant erlebt: Eine Freundin und ich gingen in ein nettes Lokal. Einige Tische weiter saßen vier Männer, von denen mich einer hin und wieder ansah und betrachtete. Das ging über eine Stunde lang so, doch irgendwann hatten die Herren ihr Essen beendet und brachen auf. Gerade als ich mir dachte: „Wie schade, das war ja richtig nett!", kam der Mann, mit dem ich Blicke getauscht hatte, zurück, ging auf unseren Tisch zu und meinte: „Hallo, ich habe mir draußen gerade überlegt, dass ich jetzt nicht einfach so gehen möchte. Wir ziehen noch weiter und wollen tanzen gehen. Habt ihr heute Abend schon was vor oder hättet ihr Lust, mitzukommen?" (Bitte bemerken Sie die Alternativfrage!) Da wir selbst noch in Erwartung eines Desserts waren, tauschten wir Nummern aus, trafen uns später wieder und hatten einen sehr lustigen und flirtigen Abend.

In manchen Gegenden ist es völlig normal, sich in einer Kneipe oder einem Café zu anderen an den Tisch zu setzen, in anderen wieder ungewöhnlich, fast sogar tabu. Für einen Fernsehbericht probierten wir Folgendes aus: Der Protagonist, um den es ging, sollte seine Schüchternheit überwinden und ausprobieren, was in unterschiedlichen Situationen möglich ist. In einem Café sah er sich ein wenig um, ging dann auf einen Tisch mit zwei Damen zu und sagte einfach: „Ich bin fremd hier und sitze in Cafés ungern alleine. Darf ich mich vielleicht ein bisschen zu Euch setzen?" Es klappte fast jedes Mal. Wenn es nicht klappte, dann nur, weil die Frauen sich gerade etwas „sehr Privates" zu erzählen hatten. In allen anderen Fällen freute man sich über eine unerwartete, nette Unterhaltung.

Party/Feier

Eine private oder zumindest „geschlossene" Feier (z. B. eine Firmenparty) ist ein wahres Flirteldorado und bietet gute Möglichkeiten, denn der Punkt „Gemeinsamkeiten" ist hier von Beginn an gegeben. Sie können sich selbst eine Aufgabe geben und so leicht andere ansprechen, wie zum Beispiel die Sektbar zu schmeißen oder sich um die Garderobe der ankommenden Gäste zu kümmern. So machen Sie sich nicht nur beim Gastgeber beliebt, sondern lernen automatisch alle Gäste kennen – vor allem die, die Sie interessieren. Außerdem haben Sie etwas zu tun und geben anderen das Gefühl, aufmerksam und freundlich zu sein. Damit ernten Sie bereits im Vorfeld Pluspunkte.

Bei einer privaten Feier können Sie sich auch mit einem besonderen, vielleicht sehr persönlichen oder ungewöhnlichen Geschenk ins Gespräch bringen. Alle werden unbedingt den Mann oder die Frau kennenlernen wollen, die dem Gastgeber etwas geschenkt hat, über das er sich ganz besonders gefreut hat oder das sehr ausgefallen oder auffällig ist.

Überhaupt ist das Ansprechen von Menschen in solchen Situationen einfacher, da es eine Menge Möglichkeiten für Gesprächsstoff gibt. Ein guter Einstieg ist die Frage nach der Verbindung, also woher kennt man den Gastgeber oder wie gehört man zu dieser „Gesellschaft". Es zeigt Interesse und auch eventuelle Parallelen.

Urlaub

Im Urlaub ist flirten besonders leicht und auch sehr „lohnenswert": Sie befinden sich weit entfernt von Ihrem Alltag, von Beruf, Stress und Ihrer gewohnten Umgebung. Sie möchten sich erholen, Spaß haben und etwas erleben – genau wie alle anderen.

Der Vorteil an der Urlaubssituation ist, dass die Umgebung für fast alle Menschen gleichermaßen neu und ungewohnt sein dürfte. Tipps, Hilfe und Empfehlungen zu erfragen, aber auch anzubieten, ist daher gerade hier ganz besonders einfach.

Auch das Thema Gemeinsamkeiten ist gegeben, schließlich hat man sich denselben Urlaubsort ausgesucht. Es lassen sich wunderbar leicht jede Menge offener Fragen stellen, wie zum Beispiel: Wie gefällt es dir hier, was hast du dir schon angesehen, was machst du zu Hause, was gefällt dir hier am besten und so weiter und so fort.

Auch Komplimente werden im Urlaub noch einfacher und dankbarer angenommen als im Alltag. Wenn jemand bereits gut erholt aussieht und entspannt und fröhlich wirkt, ist das ein Ansatz für ein kleines Einstiegskompliment. Die ganze Atmosphäre ist lockerer, weil die meisten Menschen im Urlaub das Gefühl haben, Zeit für einen Flirt zu haben.

Viele Singles fahren bereits mit dem Vorsatz, viel zu flirten oder ein Abenteuer zu erleben in den Urlaub. Das macht es leicht für Sie und Ihre Hemmschwelle kann schon deshalb sinken, weil Sie die Menschen um sich herum vermutlich ohnehin nie mehr wiedersehen.

Den Teilnehmern des Flirttrainings gebe ich am Ende des ersten Tages unter anderem die Aufgabe, sich wenigstens einmal an diesem Abend eine richtige Abfuhr zu holen. Jeder Teilnehmer soll sich so „blöd anstellen", dass er sich richtig blamiert. Wir stellen immer wieder fest, dass das fast keinem gelingt, weil die Szenarien, die man sich ausmalt, einfach nicht eintreffen. Wenn Sie auch manchmal Angst davor haben, sich beim Flirten zu blamieren, können Sie das Wagnis im Urlaub eingehen. Und sei es nur, um hinterher für sich festzustellen, dass es gar nicht so einfach ist, sich lächerlich zu machen, und Sie – selbst wenn es peinlich wurde – hinterher immer noch am Leben sind.

Arbeitsplatz

Der Flirt am Arbeitsplatz hat Vor- und Nachteile. Die Nachteile sind Ihnen sicher bekannt: Man muss ein wenig vorsichtig sein, denn schließlich sieht man die Person immer wieder. Und wenn das Gegenüber Ihre Flirtversuche in den falschen Hals bekommt, hat man in der halben Firma einen schlechten Ruf. Erinnern wir uns aber an eine der Kernaussagen des Flirts, nämlich „anderen ein gutes Gefühl zu geben", dann bietet gerade der Arbeitsplatz die mannigfaltigsten Möglichkeiten zum Flirten – zumal wir einen Großteil unserer Zeit dort verbringen.

Beim Flirt unter Kollegen dürfen und sollten Sie etwas behutsamer sein als zum Beispiel abends in der Kneipe. Doch ist es nicht unangebracht und sicher auch nicht unangenehm für Ihr Gegenüber, wenn Sie einem Kollegen des anderen Geschlechts mal ein Kompliment machen, ihm oder ihr sagen, dass sie oder er heute ganz besonders toll aussieht oder eine Aufgabe besonders gut gelöst hat oder man gerne mit der Person zusammenarbeitet.

Das klappt übrigens auch bei gleichgeschlechtlichen Kollegen. Ich habe einmal in einer Firma mit einer Empfangssekretärin gearbeitet und dieser eines morgens gesagt, dass ich mich immer sehr freue, sie zu sehen, weil sie immer so nett lächelt. Und dass der Morgen schon gut anfängt, wenn man nur das Gebäude betritt und dass das sicher auch unsere Kunden spüren. Seit diesem Morgen strahlte die liebe Frau noch mehr, wenn sie mich sah, und bemühte sich um mich ganz besonders, obwohl ich das nie beabsichtigt hatte.

Hilfe anzubieten oder zu erfragen, ist ebenfalls eine gute Möglichkeit, im Job ins Gespräch zu kommen. Machen Sie jedoch schnell klar, dass es Ihnen nicht um die Hilfe an sich, sondern um die Person geht – diese wird davon dann ganz besonders geschmeichelt sein.

Flirten mit Kunden

Wie ein Flirt mit Kunden aussehen und was er bringen kann, schaue ich mir immer wieder gerne in einer ganz bestimmten Hamburger Postfiliale an: Dort gibt es einen Mitarbeiter, der regelmäßig meinen Tag erhellt, und der Post eine Imageverbesserung beschert, die millionenschwere Werbeetats nicht aufwiegen können. Der Herr ist stets gut gelaunt, freundlich und aufmerksam und vor allem: charmant. Jedes Mal, wenn ich die Filiale besuche, hoffe ich, am Ende der Schlange bei ihm zu landen. Und wenn nicht: Seine Laune ist häufig ansteckend genug, dass einige seiner Kollegen und Kolleginnen ebenfalls freundlicher sind, wenn er dort ist. Einmal wurde ich am Postschalter von einem seiner Kollegen betreut, doch zwischen zwei Vorgängen fand er Zeit, mich zu grüßen und mir ein „Sie sehen heute ja auch wieder umwerfend aus!" zu schenken. Neulich sprach er mich an: „Frau Deißler, wir müssen uns demnächst mal über ein Konto bei der Postbank unterhalten!" Ehrlich gesagt: Ich glaube, ich habe meine finanziellen Angelegenheiten so geregelt, wie ich sie haben möchte (und den nettesten Bankberater der Welt), aber mit dem Mann von der Post würde ich mich dennoch über eine Kontoeröffnung unterhalten. Einfach schon, weil er immer so charmant ist und gute Laune versprüht.

Bus & Bahn

Gerade öffentliche Verkehrsmittel bieten allerbeste Möglichkeiten für einen kleinen Flirt, da man dort häufig ohnehin nichts anderes zu tun hat. Dadurch ist es leicht, die erste Voraussetzung für einen Flirt, die Aufmerksamkeit einer anderen Person, zu gewinnen.

Je nachdem wie lang die Distanzen sind, die man zurücklegt, kann ein Flirt schnell und spielerisch, aber kurz sein oder eben auch länger bis hin zu mehrstündigen Unterhaltungen mit anschließenden Verabredungen.

Haben Sie schon mal jemanden in Bus oder Bahn gesehen, der Sie interessiert hat, und als einer von Ihnen dann aussteigen musste, haben Sie sich geärgert, weil Sie die Person wohl nie wiedersehen werden? Nun, wenn Sie davon ausgehen, dass Sie die Person ohnehin nie wiedersehen – warum dann nicht etwas wagen? Warum nicht wenigstens lächeln? Warum nicht handeln wie Steffen, der eine attraktive, junge Frau in der S-Bahn auf ihre Armbanduhr ansprach, weil sie ihm gefielen – die Uhr und noch mehr die Frau. Steffen war eher ein schüchterner Typ, und ich hatte ihm geraten, einfach öfter auszusprechen, was ihm durch den Kopf ging. Also sagte er zu ihr „Oh, das ist ja mal eine ungewöhnliche Uhr für eine so zarte Frau!" Die junge Dame war verblüfft. Verblüfft genug, um mit ihm ein Gespräch zu beginnen, ihn die Uhr ebenfalls mal tragen zu lassen, Telefonnummern und E-Mail-Adressen auszutauschen, sich mit ihm zu verabreden, ihn näher kennenzulernen – und später sogar eine Beziehung mit ihm einzugehen.

Heute wird es immer schwieriger, in öffentlichen Verkehrsmitteln die Aufmerksamkeit von Menschen zu bekommen, denn fast jeder schaut in sein Smartphone. Woran liegt das? In öffentlichen Verkehrsmitteln wird unsere sogenannte „Intim-Zone" zwangsläufig unterschritten – fremde Menschen kommen uns körperlich näher, als wir das eigentlich wollen. Unsere Lösung ist, uns mit unseren Gedanken an einen anderen Ort zu bewegen und dabei hilft es natürlich sehr, wenn wir in Kontakt sind mit Freunden via Whatsapp, Facebook oder Twitter. Der Nachteil daran ist, dass wir dabei kaum jemanden kennen lernen, der gerade wirklich in unserer Nähe ist.

Folgende „Experimente" haben sich in solchen Situationen als „erfolgreich" gezeigt:

Hörte jemand Musik und scheint davon offensichtlich gute Laune zu haben, fragen Sie doch „pantomimisch" mal nach, was der andere hört. Vielleicht lernen Sie ja was Neues und womöglich auch noch jemanden kennen. Wir mögen es ja schließlich auch, wenn andere sich für uns interessieren.

Starten Sie eine Kommunikation a la Whatsapp, indem Sie Ihrem Gegenüber ein Zettelchen „ins Bild schieben" auf dem zum Beispiel ein Smiley ist mit Platz für eine Antwort:

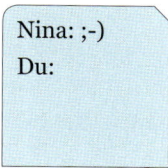

Wenn Sie Ihr Gegenüber damit zum Lachen bringen, haben Sie gewonnen. Wenn er/sie keine Lust dazu hat, haben Sie nichts verloren. Zucken Sie mit den Schultern und schauen Sie eben auch wieder auf Ihr Smartphone ...

Supermarkt

Bei Supermärkten als Flirtlocations dürfen Sie ruhig wählerisch sein: Ich kenne nicht wenige Singles, die zwar ihre Grundversorgung bei den üblichen Discountern sichern, aber für kleine Extras und vor allen Dingen für den einen oder anderen Flirt dann die gut gelegenen und gut sortierten Feinkost-Supermärkte besuchen.

Empfehlung und Hilfe anbieten oder erfragen ist im Supermarkt das erfolgreichste und einfachste Rezept der Welt. Die Inhalte der Einkaufswagen erzählen Ihnen außerdem schon eine Geschichte über den Menschen, der da vor Ihnen steht:

Tiefkühlpizza, Chips, Sixpack Bier, Schokoriegel, Dosensuppe?

Magerjoghurt, stilles Wasser, grüner Tee, Selleriestangen, Knäckebrot?

Na, Sie wissen schon!

Fragen Sie die Menschen doch mal, was sie mit den Einkäufen vorhaben („Das sieht ja auch interessant aus – was wird denn damit gekocht?"). Ich habe schon manch gutes Rezept zwischen den Kühlregalen eines Supermarkts erfahren.

Jungs, die am Samstagnachmittag einen ganzen Einkaufswagen voller Bier und Wein zur Kasse schieben, sage ich immer scherzhaft, dass ich sie gerade absolut unwiderstehlich finde und sie unbedingt kennenlernen möchte – mit einem zwinkernden Auge auf die wohl anstehende Party. Tatsächlich bin ich daraufhin sogar schon zu Partys eingeladen worden, weil die Herren es sehr witzig fanden, so von einer Frau angesprochen zu werden. Sie sehen, auch beim Einkaufen gibt es nette und einfache Möglichkeiten der Kontaktaufnahme. Dabei müssen Sie nicht einmal sonderlich originell sein, sondern einfach nur Anknüpfungspunkte suchen.

Wochenmärkte/Flohmärkte

Beim Wochenmarkt ist es ähnlich wie im Supermarkt – auch hier verrät der Einkaufskorb etwas über die Person und die Möglichkeiten der Ansprache sind vielfältig. Ebenso bei Floh- oder Trödelmärkten; wofür der Mensch sich gerade interessiert, sagt viel über seinen Lebensstil.

Der „Flirtvorteil" von Märkten aller Art ist, dass die Menschen, die einen Markt besuchen, in aller Regel etwas mehr Zeit mitbringen. Der Nachteil ist, dass das Marktangebot selbst bereits so viel Aufmerksamkeit in Anspruch nimmt, dass man darüber hinaus oft etwas überfordert ist in der Wahrnehmung von Flirtmöglichkeiten.

Der Störfaktor „Ablenkung" ist hier also besonders stark. Wenn Ihnen das jedoch bewusst ist, können Sie leicht damit umgehen: Lenken Sie mehr Aufmerksamkeit auf sich, indem Sie sich offenkundig für Ihren potenziellen Flirtpartner interessieren:

- Was ist das, was Sie da kaufen? Was machen Sie damit?
- Warum interessieren Sie sich für die Platten?
- Wie kommt es, dass Sie sich so gut mit XY auskennen?

So haben Sie durch Ihr Interesse plötzlich auch die Aufmerksamkeit des anderen ganz für sich. Sie können Hilfe beim Stöbern oder Einkaufen oder eine kleine Pause am Kaffeestand anbieten.

Online und Mobile Apps

Ich gehe in diesem Buch ganz absichtlich nicht näher auf sogenannte Datingportale oder „Flirt-Apps" ein, da ein Flirt für mich eine spontane, persönliche Begegnung mit einem Menschen ist. Die Möglichkeiten die uns das Internet und die Funktonalität der Smartphones bietet, sind zwar verführerisch und manchmal hilfreich, andererseits aber auch voller falscher Versprechungen und Enttäuschungen.

Natürlich können Sie all das dennoch nutzen – doch vergessen Sie nicht: Irgendwann geht es darum, einem Menschen persönlich zu begegnen und dann in der Lage zu sein, mit ihm/ihr zu flirten. Wer sich darauf versteift, einen Partner im Internet oder bei Tinder & Co finden zu können oder gar zu müssen, der verpasst im Alltag sehr viele Chancen, sein Selbstvertrauen und seinen Charme zu entwickeln und Spaß zu haben in der Begegnung mit „realen" Menschen.

Flirten Sie daher nicht nur mit Menschen, die in Ihr „Beuteschema" passen, sondern einfach, wenn sich die Gelegenheit bietet. Es muss ja auch nicht immer gleich ein Flirt sein – manchmal würde es schon helfen, wenn wir mehr „nette Kontakte" in unseren Alltag integrieren. Wenn Sie sich vom „Kontaktvermeider" zum „Kontakt-Anbieter" entwickeln haben Sie bereits sehr gute Voraussetzungen geschaffen, um „flirtbereit" und auch „flirtfähig" zu sein, wenn sich die Gelegenheit bietet.

Tipps und Tricks zum Thema „Erfolgreiches Online-Dating" finden Sie in zum Beispiel in meinem Buch „Flirten & Verlieben", das ebenfalls im humboldt Verlag erschienen ist.

Alltägliche Gelegenheiten

Im Grunde können Sie fast jede Situation des täglichen Lebens zum Flirten nutzen. Beim Spazierengehen können Sie ein Stück Begleitung anbieten, beim Joggen die Richtung wechseln, wenn Ihnen jemand entgegenkommt, der Ihnen gefällt. Von Auto zu Auto kann man sich anlächeln und einen fröhlichen Tag wünschen, Beamte können lächeln und charmant sein. Und Sie? Sie können ein Mensch sein, der andere zum Lächeln bringt, der anderen ein gutes Gefühl gibt – und damit von anderen als attraktiv und begehrenswert erachtet wird.

Sie könnten zum Beispiel damit anfangen, im Alltag öfter mal Lob und Komplimente zu verteilen. Auch jemand der an der Bäckertheke oder Supermarktkasse arbeitet, freut sich über ein Lächeln, ein Kompliment oder eine nette Bemerkung. Fragen Sie doch mal eine Kassiererin „Wie geht's Ihnen heute?" oder wenn besonders schönes Wetter ist, ob er oder sie doch hoffentlich bald Feierabend machen darf und die Sonne noch genießen kann. Sie werden überrascht sein, wie häufig Sie darauf (manchmal auch zunächst verwirrte) freundliche Reaktionen erhalten.

Wenn Sie unsicher sind, dann üben Sie in Geschäften: Machen Sie in Läden, die besonders hübsch dekoriert sind, den Mitarbeitern ein Kompliment für den schönen Laden, oder das schöne Schaufenster oder was auch immer.

Fragen Sie einen anderen Kunden im Buchladen nach einem Lesetipp und beginnen Sie ein kurzes Gespräch darüber. Fragen Sie beim Kauf von Kleidung doch mal andere Kunden nach deren Meinung, ob Ihnen das Kleidungsstück steht oder machen Sie jemandem ein Kompliment, wenn er aus der Kabine tritt und etwas anhat, das wirklich gut aussieht.

Daraus ergibt sich nicht immer ein Flirt – aber so steigern Sie Ihre Chancen und beenden Ihr automatisches kontaktvermeidendes Verhalten. Fast alle Menschen freuen sich über ein nettes Wort von anderen – aber wenn wir alle nur darauf warten, kann nicht viel passiert und so kommt es häufig vor, dass wir uns isoliert und einsam fühlen, obwohl wir unter Menschen sind.

Werden Sie vom „Signalsucher" zum „Signalgeber" und Ihre Flirtchancen werden sich mehr als verdoppeln. Sie haben nichts zu verlieren und so viel zu gewinnen.

Versteifen Sie sich nie darauf, dass die Situation ein bestimmtes Endziel haben soll. Jedes gute Gefühl, das Sie geben können, wird zu Ihnen zurückkommen, wenn Sie nur das im Sinn haben.

GESPRÄCHE MIT „GÄNSEHAUT-EFFEKT"

Jeder Flirt ist schön und kann Ihren Tag und sogar Ihr Leben verschönern, wenn er positiv aufgenommen wird. Manchmal ist ein Flirt jedoch noch mehr als „nur ein Flirt" und man begegnet einer Person, der man vielleicht mehr als nur ein Lächeln, ein Kompliment oder einen kurzen Small Talk schenken möchte.

Wie gestaltet man also ein Gespräch so, dass das Gegenüber sich wohl und „angeflirtet" fühlt? Nicht vergessen: Über 90 Prozent Ihrer Wirkung besteht nicht aus dem, was Sie sagen, sondern wie Sie wirken.

Ich finde es immer wieder faszinierend, wenn wir in den Trainings Flirtsituationen und -gespräche durchspielen: Die Teilnehmer, die bei der Praxisaufgabe vom Vorabend am meisten geflirtet und dementsprechend die meisten positiven Reaktionen erhalten haben, sind in den nachgestellten Situationen deutlich charismatischer und daher auch erfolgreicher. Sie müssen weniger überlegen und auch weniger sagen, um ihren Trainingspartnern positive Reaktionen zu entlocken – weil sie einfach mehr wirken!

Ihre innere Einstellung macht einen Großteil dieser Wirkung aus. Wenn Sie in den letzten Tagen oder Wochen bei der Lektüre dieses Buches bereits angefangen haben, kleine Flirts einzugehen, wissen Sie bestimmt bereits, was ich meine. Mit jedem noch so kleinen Flirt steigt Ihr Vertrauen in Ihre „Flirtfähigkeit" und in Sie selbst.

Denken Sie immer daran: Sie können der Mensch sein, der einem anderen Menschen den Tag versüßt!

Und nicht nur das: Sie könnten auch der Mensch sein, der einem anderen Menschen einen aufregenden Tag oder Abend, eine Bahnfahrt, einen Einkauf oder ein ganzes Leben beschert.

Sie haben „es" nicht nötig – Sie sind jemand, den man kennenlernen sollte. Sie sind jemand, der das Leben genießen möchte und gerne neue Bekanntschaften macht. Verinnerlichen Sie sich Ihre positiven Eigenschaften und Werte. Benehmen Sie sich entsprechend, und Sie sind bereits auf dem richtigen Weg.

Die Unterhaltung mit dem „gewissen Etwas"

Zunächst möchte ich Sie noch einmal daran erinnern: Flirten ist ein Spiel! Daher darf auch die Unterhaltung einem Spiel ähneln. Ein flirtiges Gespräch sollte sich nie um

„Fakten" drehen. Wichtig sind der Mensch, die gemeinsame Interaktion und vor allem Gefühle.

Werden Sie „Jemand"

In den meisten Flirtsituationen kennen wir den Namen unseres Flirtpartners (noch) nicht – so wie er Ihren nicht kennt. Solange das der Fall ist, sind Sie für ihn „irgendeine Frau" beziehungsweise für sie „irgend so ein Typ". Ändern Sie das schnellstmöglich: Man wird Markus, Matthias, Nicole, Sandra, oder wie immer Sie heißen, deutlich vertrauter entgegentreten als „irgendjemandem".

Suchen Sie Körperkontakt

Bei der Begrüßung haben Sie dazu bereits Ihre erste Gelegenheit. Während eines Gesprächs ergeben sich viele weitere Möglichkeiten. Wenn die Hände der Person sich gut anfühlten, wird er oder sie das sicher gerne hören und Ihnen bereitwillig folgen, wenn Sie danach fragen, ob Sie diese tollen Hände noch mal anfassen dürfen. Wenn Sie sich vielleicht kurz für ein neues Getränk oder einen Gang zu Toilette entschuldigen, dürfen Sie Ihren Flirtpartner leicht am Arm, der Schulter oder an der Hüfte oder Taille berühren – ebenso wenn Sie wiederkommen. Achten Sie auf die Körpersprache Ihres Gegenübers: Lehnt er sich zu Ihnen, sind Sie willkommen, zuckt er oder sie eher zurück, bleiben Sie souverän, aber entschuldigen Sie sich, dass Sie ihm oder ihr nicht „zu nahe treten" wollten. Betonen Sie aber, dass Sie sich sehr wohl mit ihm/ihr fühlten.

Gemeinsamkeiten schaffen Nähe

Auch im Gespräch schaffen Gemeinsamkeiten mehr Nähe und Sympathie. Stellen Sie sich vor, Sie lernen bei irgendeinem Anlass einen wildfremden Menschen kennen und stellen nach kurzer Zeit fest, dass Sie früher mal dieselbe Schule besucht haben oder beide wahnsinnig gerne Salsa tanzen.

In jedem Fall sollte man solche Gemeinsamkeiten erkennen wollen und dem anderen vermitteln, denn damit öffnet man einen Kommunikationskanal. Alles, was auf dieselbe Ebene befördert, fördert die Kommunikation und die Sympathie. Wenn zwei Menschen im Gespräch feststellen, dass sie dieselben Leidenschaften hegen, bietet das ganz sicher genug Stoff für ein an- und aufregendes Gespräch. Suchen Sie also nach positiven Gemeinsamkeiten: Fragen Sie Ihr Gegenüber nach Lieblingsurlaubsorten, nach Hobbys, Leidenschaften, Lieblingsmusik, -büchern oder -filmen. Damit schlagen Sie gleich mehrere Fliegen mit einer Klappe, denn:

- Sie erfahren, was Sie mit diesem Menschen gemeinsam haben, was Sie mit ihm oder er ihr unternehmen könnten.
- Sie erfahren, wofür dieser Mensch sich begeistert. Selbst wenn Sie vielleicht nicht so viele Gemeinsamkeiten haben, erfahren Sie etwas über den Menschen und

seine Leidenschaften und lernen vielleicht sogar etwas Neues dabei.

- Ihr Gegenüber kann Ihnen von etwas erzählen, das er oder sie mag und begeistert. Dabei wird er an das Gefühl erinnert, das er hat, wenn er sich mit diesem Thema beschäftigt. Und das wird sicherlich sehr angenehm sein. Dieses angenehme Gefühl wird er dann auch mit dem Gespräch mit Ihnen verbinden, weil Sie durch Ihre Frage der Auslöser für die Erinnerung an dieses gute Gefühl waren.

Keine Angst vor Schwächen

Gerade Aspekte, die vielleicht sogar kleine Schwächen sind, kommen häufig besser an, als Sie denken: Niemand ist perfekt und ein Mensch, der eine kleine „Schwäche" hat, ist meist viel sympathischer als jemand, der uns erzählt, wie toll er ist.

Der Umgang mit dem, was Sie für sich vielleicht als Schwäche sehen, ist eine der wichtigsten „Erfolgskomponenten" in einem Flirtgespräch: Häufig passiert es, dass wir unter- oder übertreiben, wenn es um uns selbst geht. Übertreiben, weil wir wollen, dass der andere erkennt, dass wir „toll" sind, untertreiben, um nicht wie ein Angeber zu wirken.

Wie finden Sie das richtige Maß?

Eine gute Möglichkeit, interessant zu wirken, ist, mit Schwächen zu kokettieren: Einer meiner Coachingklienten litt regelrecht darunter, dass er sich für eine sehr sichere berufliche Laufbahn entschieden hatte. Er war nämlich Beamter. Nebenbei war er allerdings auch noch Marathonläufer, Jurastudent und vieles mehr, doch „Beamter" schien bei jedem Flirt wie ein Damoklesschwert über ihm zu schweben. Er hatte immer Angst vor der berühmten „Und was machst du beruflich"-Frage, bis ich ihm riet, genau das zu seiner Stärke zu machen. Er war zunächst irritiert, doch ich gab ihm ein paar Beispiele, wie er reagieren könnte. Zum Beispiel könne er der Frau mit einem schelmischen Grinsen erzählen, dass er ja im Allgemeinen ein recht langweiliger Typ sei und sich daher für eine langweilige Laufbahn als Beamter entschieden habe. Wenn ein Mann einen mit funkelnden Augen ansieht und einem so was erzählt – was wird passieren? Ich würde ihm kein Wort glauben und neugierig werden! Er könnte auch sagen, dass er beschlossen habe, sein Leben aufregend zu gestalten und deshalb einen Beruf ergriffen, der das ein wenig ausgleicht.

In jedem Fall sollten Sie sich nie für etwas rechtfertigen. Stehen Sie zu sich, Ihrem Beruf, Ihren Hobbys, Ihrer Art von Geschmack, Ihren vermeintlichen Schwächen, ohne all dies jemand anderem aufdrängen zu müssen: Sie sind so und für Sie ist das gut. Das wird Ihnen Pluspunkte verschaffen.

Nachfragen: Zeigen Sie echtes Interesse

Was jemand macht oder mag, sind Fakten – das „Warum" bringt Sie auf die Ebene der Gefühle und der Nähe. Wenn Ihnen Ihr Gegenüber etwas erzählt, sei es der absolvierte Studiengang, der erwählte Beruf, das Lieblingsurlaubsland, ein Hobby, einen kürzlich gesehenen, beeindruckenden Film, so stellen Sie stets die Frage nach dem „Warum":

- Warum hast du dich für diesen Beruf entschieden?
- Was fasziniert dich an diesem Land?
- Was hat dir an diesem Film am besten gefallen?
- Was gefällt dir besonders gut an ...?
- Worin besteht für dich die Anziehungskraft in ...?

Das sind Fragen, mit denen Sie Ihr Gegenüber dazu bringen, etwas von sich preiszugeben und von der Sach- beziehungsweise Informationsebene auf die Gefühlsebene zu wechseln. Außerdem wird er oder sie ganz deutlich das Gefühl bekommen, dass Sie sich wirklich für ihn/sie interessieren. Und wie Sie ja bereits wissen, macht Interesse interessant!

Gerade von Frauen höre ich immer wieder, dass sie von Männern in Flirtsituationen enttäuscht sind, weil sie das Gefühl haben, der Mann würde sich nicht für sie interessieren, weil er die ganze Zeit nur über sich redet oder sogar regelrecht „angibt" und eigentlich gar nichts über sie wissen will. Das ist ein fataler Trugschluss: Damit wir Frauen uns für jemanden begeistern können, möchten wir möglichst viel über diesen Menschen wissen. Wir bauen eine Beziehung auf durch das miteinander reden und das Finden von Gemeinsamkeiten. Männer hingegen brauchen gar nicht so viel „Information und Gerede", um eine Frau interessant zu finden. Da der Austausch für sie nicht so wichtig ist für das Aufbauen der Beziehung, versucht er, die Frau zu beeindrucken, indem er ihr von sich und „seinen Errungenschaften" erzählt.

Für viele Männer, die vielleicht nicht so gerne reden oder glauben, dass sie nicht so viel zu erzählen hätten, kann es sehr entlastend sein zu wissen, dass das auch gar nicht unbedingt notwendig ist: Bringen Sie sie zum Reden! Zeigen Sie Interesse an ihr und dass Sie sie mögen. Das kann sehr viel wirkungsvoller sein, als ein missglückter Monolog über Ihre vermeintlichen Vorzüge oder Ihren Job.

Durch Zuhören zur Unterhaltung

Die Basis eines guten Flirts ist eine Mischung aus Vertrautheit und Neugier: Vertrautheit entsteht auch, indem Sie Ihr Gegenüber wissen lassen, wie Sie die Aussagen und die Gefühle des anderen wahrnehmen: „Ich habe das Gefühl, du magst an Deinem Job besonders ...". Solche Aussagen helfen auch dem anderen, seine Empfindungen besser einzuordnen. Bringen Sie außerdem eigene Erfahrungen und Gedanken ein, das kann für Ihren Flirtpartner interessant, lehrreich, sogar inspirierend sein.

Hören Sie aufmerksam zu: Manchmal passt es gut, die Worte des anderen zu wiederholen. Übertreiben Sie damit jedoch nicht, da sonst rasch der Eindruck entsteht, man plappere nur wie ein Papagei alles nach. Fragen Sie auch mal nach, wenn es etwas unklar ist oder wenn Sie vielleicht schlichtweg gerade nicht wissen, was Sie sagen sollen.

Viele Menschen machen den Fehler, dass sie bei der Ansprache nervös oder zu sehr auf sich fixiert sind und dann dem Gegenüber nur „geschlossene" Fragen stellen, also solche, auf die man nur mit Ja oder Nein antworten kann. Genauso tückisch sind Suggestivfragen („... ist doch so, oder?"). Stellen Sie Ihr Interesse am anderen in den Vordergrund und versuchen Sie, möglichst viel von ihm/ ihr zu erfahren.

Lenken Sie das Gespräch stets in positive Bahnen. Es soll ja ein Flirt sein, keine „Therapiesitzung". Und auf Menschen, die Ihnen erzählen, wie schwer Sie es haben, können Sie getrost verzichten (und ihr Gegenüber auch).

Vermeiden Sie es allerdings auch, im Gespräch permanent zu nicken und Ihren Gesprächspartner beständig zu bestätigen oder sogar seine Satzenden mitzusprechen. Das ist ein deutliches Zeichen für Unsicherheit und mangelndes Selbstvertrauen. Schauen Sie Ihr Gegenüber lieber einfach nur aufmerksam an, während er/sie etwas erzählt und stellen Sie sich dabei vor, wie Sie beide sich küssen – wenn Sie das gerne möchten. Es wird seine Wirkung nicht verfehlen!

Trauen Sie sich, Gesprächspausen zuzulassen. Dabei können Sie Gedanken und Gefühle neu ordnen – oder aber dem anderen einfach mal tief in die Augen schauen.

Sollten Ihnen wirklich mal die Worte ausgehen, ist es vielleicht der Moment, der nötig ist, damit noch etwas mehr passiert als ein schönes Gespräch …

Vom Flirt zum Date

Auch wenn ein Flirt zunächst eine Art kleines Geschenk an Ihr Gegenüber ist (das bei entsprechender Reaktion mit einem „Gegengeschenk" beantwortet wird), gibt es viele Situationen, wo man mit Menschen flirtet, die so interessant wirken, dass man sie unbedingt wieder sehen möchte. Hier sitzt bei vielen Menschen eine weitere Hemmschwelle, weil sie sich blöd dabei vorkommen, einen bislang völlig fremden Menschen nach der Telefonnummer zu fragen – dabei ist es doch vielleicht genau das, worauf die andere Person wartet. Diese Hemmschwelle jedoch können Sie sehr einfach umgehen.

Eigene Gedanken kommunizieren

Wenn Sie sich noch nicht sicher sind, ob der andere Sie wiedersehen möchte, hilft es Ihnen nicht weiter, wenn Sie in Gedanken die möglichen (negativen) Überlegungen Ihres Flirtpartners durchgehen und sich damit selbst blockieren (also zum Beispiel dass er/sie vielleicht gar nicht mehr möchte, zu viel zu tun hat oder bestimmt schon ver- geben ist usw.).

Senden Sie „Ich-Botschaften" aus, mit denen Sie dem anderen sagen und zeigen, wie es Ihnen mit ihm/ihr geht, und beobachten Sie die Reaktionen:

Sagen Sie Ihrem Flirt zum Beispiel, dass Sie sich sehr wohl fühlen in seiner/ihrer Gegenwart oder das Ihnen das Gespräch sehr gut gefallen hat, dann, dass Sie die Person sehr interessant oder sympathisch finden. Ihr Gegenüber wird diese Aussagen aus seinen eigenen Gedanken und Gefühlen beantworten. Ist die Reaktion positiv, gehen Sie weiter, indem Sie Ihrem Flirt sagen, dass Sie sich gerne weiter mit ihm oder ihr unterhalten würden oder dass Sie sich gut vorstellen könnten, dass Sie noch viele Gemein- samkeiten entdecken würden, dass ein Spaziergang oder eine andere Aktivität (Museumsbesuch, Theater, Café etc.) mit ihm/ihr sicher sehr schön wäre. Ist auch hier die Reak- tion positiv, sagen Sie ganz konkret, dass Sie die Person gerne wiedersehen würden.

Denken Sie daran: Es kann Ihnen nichts passieren, denn Sie sprechen ja gerade nur über sich – über Ihre eige- nen Gefühle und Gedanken. Ihr Flirt wird Ihren Gedanken zustimmen oder eben nicht. Das ist alles. Sollte Ihr Ge- genüber also kein Wiedersehen wünschen, wird er Ihnen das entsprechend zu verstehen geben, ohne Sie direkt abzulehnen.

Auch Desinteresse taktvoll kommunizieren

Ich hatte einmal in einer Bar eine Unterhaltung mit einem netten Mann, der jedoch gar nicht mein Typ war. Da er mit Freunden von mir bekannt war, unterhielt ich mich dennoch gerne eine Weile mit ihm. Leider verstand er meine Signale nicht oder falsch und drängte auf ein baldiges Wiedersehen, als ich ankündigte, dass ich jetzt nach Hause gehen würde. Als er also zu mir sagte: „Ich würde dich gerne wiedersehen", antwortete ich einfach mit: „Wirst du bestimmt, ich bin ja öfter hier!" Ich denke, das hat er verstanden. Ich würde mich sicher nicht irgendwo verstecken, wenn er mir das nächste Mal begegnete. Ich hatte allerdings überhaupt keine Lust, ihm meine Telefonnummer zu geben, und habe ihm mit meinem „Hinweis" eine Absage erteilt, ohne sagen zu müssen: Ich möchte nicht, dass du mich anrufst.

Werden Sie konkret und deutlich

Sollte Ihr Flirt Interesse daran haben, Sie wiederzusehen, wird die Reaktion sicher anders ausfallen als bei mir in dieser Situation: Achten Sie auf das Lächeln, nicken, eventuell erweiterte Pupillen. Sagt Ihr Gegenüber, dass er/sie das auch schön fände, fragen Sie ganz konkret nach einem Date:

„Naja, also ... ich weiß ja nicht, wie du darüber denkst, aber man könnte ja vielleicht irgendwann mal einen Kaffee trinken gehen ..."

Wie sehr fühlen Sie sich von einem solchen Satz angesprochen?

Naja, also … = Unsicherheit

Ich weiß ja nicht, wie du darüber denkst = Gedanken wie der andere denkt

Man = Wer?

Könnte vielleicht = oder auch nicht …

Irgendwann mal = in drei oder vier Jahren …

Wie wäre es damit:

„Du, ich fand die Unterhaltung mit dir total schön und würde mich gerne weiter mit dir unterhalten. Ich würde mich freuen, wenn ich dich nächste Woche mal auf einen Kaffee treffe, was sagst du?" Davon fühlt man sich doch gleich viel mehr angesprochen!

Sollte Ihr Flirt diese Gefühle nicht erwidern, wird er/sie vermutlich reagieren mit so etwas wie: „Ich fand es auch schön mit dir zu reden, aber …".

Ein „aber" revidiert im Grunde die Aussage, die vor dem „aber" steht. Achten Sie mal darauf, Sie werden das in vielen Zusammenhängen feststellen. In dieser konkreten Situation bedeutet das „aber", dass die Unterhaltung vielleicht doch nicht ganz so spannend war oder dass es eben Gründe gibt, warum es die eine einmalige Begegnung bleiben sollte. Bestätigt Ihr Flirt, den Wiedersehenswunsch (also zum Beispiel: „Ja, das wäre schön …") und es folgt ein „… aber nächste Woche habe ich keine Zeit." Dann verlangen Sie nach einem Alternativvorschlag: „Dann mach mir einen Vorschlag, wann du Zeit hast, mich wiederzusehen."

Stellen Sie auch bei der Frage nach einem Wiedersehen keine geschlossenen Fragen, die ein „Ja" oder „Nein" nach sich ziehen. Also nicht: „Gibst du mir Deine Telefonnummer?", sondern zum Beispiel „Wie wollen wir das (Wiedersehen) organisieren?", so wird Ihr Flirt von ganz alleine vorschlagen, Telefonnummern und/oder E-Mail-Adressen auszutauschen.

Kein einseitiger Austausch

Wenn Ihr Flirt einem Wiedersehen zustimmt, ist es nur „fair", wenn beide Seiten wissen, wie man den anderen erreichen kann. Gerade Frauen neigen oft dazu, einem Mann zunächst nicht ihre Nummer geben zu wollen und lassen sich nur seine geben. Dann rufen sie aber doch nicht an, weil sie sich komisch dabei vorkommen und es so aussehen könnte, dass sie ihm „hinterherrennen". Bestehen Sie also stets (freundlich!) darauf, dass die Daten ausgetauscht werden.

Tipp an die Männer: Bietet eine Frau Ihnen nur an, Ihre Nummer oder E-Mail-Adresse anzunehmen, können Sie zwei Fliegen mit einer Klappe schlagen, wenn Sie mit einem: „Aber ich kann doch nicht einfach irgendeiner wildfremden Frau meine Nummer geben!" reagieren. Sie zeigen Humor und führen ihr vor Augen, dass Sie nicht vorhaben, irgendetwas „Schlimmes" damit zu machen und ihre „Vorsicht" im Grunde unbegründet ist.

Klare Kommunikation

Streichen Sie Worte wie „vielleicht" und „eigentlich" und „man" aus Ihrem Wortschatz. Sie sind Zeichen von Unsicherheit, die jede Aussage, die Sie machen, abschwächt. Sagen Sie Ihrem Gegenüber, wie es Ihnen geht und was Sie möchten – so wirken Sie selbstbewusst und sympathisch. Offen, ehrlich und konkret ist die Kommunikation, die zum Erfolg führt.

Alternativfragen

Die Wirkung von Alternativfragen wurde ja bereits im Kapitel über die erste Ansprache besprochen. Auch bei der Frage nach einem Wiedersehen kann eine Alternativfrage sehr wirkungsvoll sein, weil Sie Ihrem Flirt zwei Optionen bietet, zwischen denen er sich entscheiden kann (und vermutlich auch wird).

Sie könnten also zum Beispiel anbieten: „Ich würde gerne mal einen Kaffee mit dir trinken gehen, hast du nächste Woche Mittwoch oder Donnerstag schon was vor?"

Sie könnten auch zwei verschiedene Alternativen anbieten, die beide einschließen, dass Sie sich wiedersehen: „Ich würde dich gerne wiedersehen. Hast du Lust, am nächsten Sonntag etwas mit mir zu unternehmen oder soll ich dich nächste Woche anrufen?"

Anknüpfpunkte finden und nutzen

Im Kapitel über „flirtige Gespräche" haben Sie erfahren, wie wichtig Gemeinsamkeiten für Vertrautheit und Nähe mit Ihrem Flirtpartner sind. Bei der Frage nach einem Wiedersehen können Sie genau diese Aspekte nutzen:

Senden Sie „Verbindungs-Botschaften": Ich möchte gerne etwas mit dir teilen, das ich beziehungsweise wir beide sehr mögen: „Am Donnerstag ist dieses Konzert von XY. Ich fände es toll, wenn du mitkommen würdest."

Wer könnte dazu schon Nein sagen?

DIE WELT IST VOLLER (FLIRT-) MÖGLICHKEITEN

Die in diesem Buch beschriebenen Strategien und Übungen werden Ihnen in Zukunft jede Menge Möglichkeiten für erfolgreiche und schöne Flirts bescheren. Die Hemmschwelle oder Blockade, die Sie vielleicht manchmal verspüren, besteht meist darin, dass Ihr „Steinzeitgehirn" immer noch daran glaubt, dass die Person, die gerade vor Ihnen steht, eine von ganz wenigen Möglichkeiten ist.

Ich möchte Ihnen zum Abschluss das folgende Gedankenspiel schenken, das Ihnen die nötige Gelassenheit geben wird, die es braucht, um locker flirten zu können.

Berechnen Sie Ihre mögliche Zielgruppe

Alleine in Deutschland leben mehr als 80 Millionen Menschen. Gehen wir – nur zum einfacheren Nachvollziehen – von je circa 40 Millionen Männern und Frauen aus. Gehen wir dann davon aus, dass Ihre Alterszielgruppe vielleicht bei circa zehn Jahren Altersunterschied (also zum Beispiel bis zu drei Jahre jünger und bis zu sieben Jahre älter oder anders herum) liegt.

Anteilsmäßig sind dann bis zu vier Millionen Menschen in Ihrer Alterszielgruppe. Rechnen wir großzügig: Drei Viertel dieser Menschen sind vermutlich nicht „auf Ihrem Niveau", was Bildung, Aussehen und weitere Aspekte angeht. Bleiben eine Million übrig. Davon ist ein großer Teil natürlich auch gerade in einer Beziehung, sagen wir ruhig 80 %. Dann bleiben immer noch 200 000 Menschen übrig!

200 000 Menschen im richtigen Alter, ungebunden und Ihren „Anforderungen" für einen Flirt entsprechend.

Sind Sie wählerisch und kommen auf „nur" 80 000? Auch gut!

Schließen Sie mal die Augen und versuchen Sie, sich 80 000 Flirtpartner vorzustellen. Das Olympiastadion in Berlin, hat 74 000 Plätze. Sie haben also das komplette Olympiastadion vor sich, in dem weitere 6 000 Flirtpartner auf dem Rasen stehen …

Jetzt stellen Sie sich Folgendes vor: Sie gehen zur Tür hinaus und draußen steht eine der 80 000 Frauen oder

Männer, mit denen Sie flirten könnten und die vielleicht sogar als Partner für Sie infrage kämen. Sie lächeln und sprechen diese Person an, doch sie oder er schüttelt mit dem Kopf und geht davon.

Bleiben immer noch: 79 999!

Da sehen Sie, dass direkt dahinter eine weitere Person steht, dahinter noch eine. Sie gehen ein wenig zur Seite und sehen, dass die Schlange der Menschen die ganze Straße hinunterführt. Sie laufen zur Ecke, zur nächsten großen Straße und sehen die Straße hinunter: Zweitausend Menschen stehen hintereinander in einer Schlange die Straße entlang. Stellen Sie sich vor, Sie könnten fliegen und begeben Sie sich in die Vogelperspektive: Die Menschen stehen die ganze Straße entlang, quer durch Ihren Wohnort und darüber hinaus. Eine Schlange von 80 000 Menschen ist circa 200 Kilometer lang! Denken Sie an einen Ort, der gut 200 Kilometer entfernt liegt und stellen Sie sich diese Strecke vor – 200 Kilometer lang stehen hintereinander alle Menschen, die für Sie in Frage kommen.

43 Jahre flirten

Wenn Sie mit fünf Menschen pro Tag flirten, ergibt das im Jahr gerade einmal 1 825 (in Schaltjahren 1 830). Es würde also bei 80 000 Menschen über 43 Jahre dauern, bis Sie die Schlange „abgearbeitet" hätten. Und das Schönste ist: Die Menschen, die gerade in einer Beziehung sind, sind es vielleicht nicht für immer, sodass diese Schlange immer wieder „aufgefüllt" wird.

Der Mensch, der gerade vor Ihnen steht, ist immer nur der Erste in dieser 200 Kilometer langen Schlange. Also was hält Sie noch zurück?

Der oder die „Richtige" steht irgendwo in dieser Schlange. Und bis Sie ihn oder sie gefunden haben, wartet jede Menge Spaß und Erfahrung auf Sie.

Flirten Sie los!

DANKE!

Ich danke allen Menschen, die mir dabei geholfen haben, ein so glückliches Leben zu führen und andere Menschen zu inspirieren. Allen voran danke ich meinen Kursteilnehmern und Coachingklienten, die diese Gedanken in den letzten Jahren mit mir teilten und von denen auch ich immer wieder neue und interessante Aspekte erfahren und lernen durfte. Ich danke allen Menschen, die je mit mir geflirtet haben für den Spaß und die Offenheit. Meinen Eltern danke ich dafür, dass sie mich zu einem selbstständigen und fröhlichen Menschen werden ließen.

Ein weiteres dickes Dankeschön gilt Mark Wachsmann vom humboldt-Verlag für sein Vertrauen, Lars Schultze-Kossack für seine gute Beratung und Unterstützung und Nathalie Röseler für ihre wunderbare und geduldige Nachbearbeitung und die vielen freundlichen Telefonate. Und „last, but not least" eine große Umarmung an den ganz besonderen Menschen in meinem Leben: Lieber Claudius, danke für Deine Liebe!

Schritt für Schritt zum Traumpartner

- Die bekannte „Date-Doktorin" Nina Deißler zeigt, wie man das ungewollte Single-dasein beendet

- Die typischen Probleme bei der Partner-suche gezielt angehen: Wie erkenne ich Verhaltensmuster, die Beziehungen immer wieder verhindern? Wo finde ich, was ich suche?

Stand Juli 2015. Änderungen vorbehalten.

Nina Deißler
So verlieben Sie sich richtig
176 Seiten, 11,8 x 17,0 cm, Broschur
ISBN 978-3-86910-494-2
€ 9,95 [D] • € 10,30 [A]

Auch als eBook erhältlich

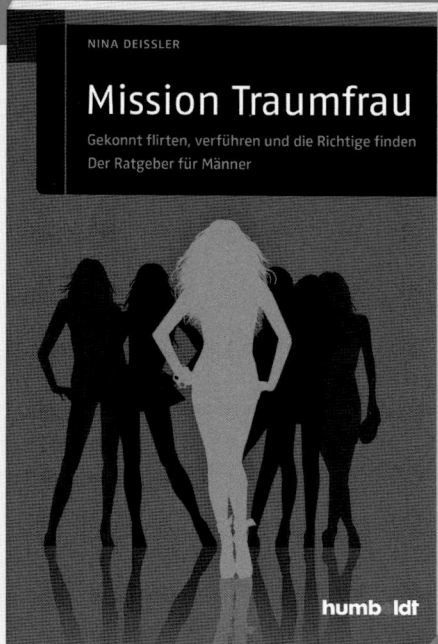

Der eigenen Stärke vertrauen

ANN-CHRISTIN BASSIN

Sicheres Auftreten

Erfolgstraining für ein selbstbewusstes Leben

Stimme, Körpersprache, Selbstvertrauen verbessern

humb ldt

Stand Juli 2015. Änderungen vorbehalten.

- Das Training für schüchterne Menschen um ihre Selbstzweifel zu überwinden

- Charmant und fesselnd geschrieben

- Mit vielen Übungen und wertvollen Tipps für ein selbstbewusstes Leben

Auch als eBook erhältlich

Ann-Christin Baßin

Sicheres Auftreten

184 Seiten, 11,8 x 17,0 cm, Broschur
ISBN 978-3-86910-478-2
€ 12,99 [D] • € 13,40 [A]

Bibliografische Information der Deutschen Nationalbibliothek
Die Deutsche Nationalbibliothek verzeichnet diese Publikation
in der Deutschen Nationalbibliografie; detaillierte bibliografische Daten
sind im Internet über http://dnb.ddb.de abrufbar.

ISBN 978-3-86910-513-0 (Print)
ISBN 978-3-86910-532-1 (PDF)
ISBN 978-3-86910-533-8 (EPUB)

Die Autorin: Nina Deißler gibt seit vielen Jahren in ihren beliebten Flirt-
kursen praktische Tipps für Menschen auf Partnersuche. Die populärsten
Magazine, Fernseh- und Radiosender wählen die Nummer von Nina Deißler, wenn sie eine Expertin in Sachen Flirten benötigen.

4., aktualisierte Auflage

© 2016 humboldt
Eine Marke der Schlüterschen Verlagsgesellschaft mbH & Co. KG,
Hans-Böckler-Allee 7, 30173 Hannover
www.schluetersche.de
www.humboldt.de

Lektorat:	Dateiwerk GmbH, Nathalie Röseler, Pliening
Layout:	Sehfeld, Hamburg
Covergestaltung:	Kerker + Baum Büro für Gestaltung, Hannover
Coverfoto:	Sylvie Thenard – Fotolia.com
Satz:	PER Medien+Marketing GmbH, Braunschweig
Druck:	Grafisches Centrum Cuno GmbH & Co. KG, Calbe